ちくま新書

日本人の9割がじつ 単語100

橘 永久
Tachibana Towa
ジェフリー・トランブリー
Jeffrey Trambley

JN052118

はじめに

　この本は、すでに日本語としても使われていたり高校の教科書に出てくるような英単語について、著者の一人である橘が、「意外だな」、「面白いな」と思った意味を集めています。なぜなら私は、自分が英文を読めない時や英語での会話についていけない時は、**知っているはずの単語がなぜここに出てくるのか分からない**、という状況が多いように感じてきたからです。

　例を1つ挙げると、ある新聞記事で Did somebody doctor this up? という文に出あい、前後の意味が分からなくなったことがあります。詳しくは本書027節を見ていただきたいのですが、doctor には、「医師」だけでなく、「（文書等を）不正に改竄する」という動詞としての使い方もあります。この動詞用法を知っていると、先の文章はなんとなく分かります。読者の皆さんには、まずは本書をパラパラとめくって、「オッ、これは知らなかった」、「こんなのずっと前から知ってるよ」と思うものがそれぞれどれだけあるか、楽しんでいただければと思います。

　著者として工夫した点が3つあります。まず、似た意味の言葉（類義語）や同じ意味の言葉（同義語）を紹介している節を示す相互参照を、出来るだけ多く入れました。この参照を活用して、拾い読みの範囲を広げていた

だければと思います。

　第２に、筑摩書房発行の代表的な英語本、具体的には以下の５冊の関連個所への参照を、スペースの許す限り注として付けました。

キャサリン・A・クラフト著、里中哲彦編訳『日本人の９割が間違える英語表現100』（ちくま新書、2017年）→本文での引用表示：クラフト（2017）

キャサリン・A・クラフト著、里中哲彦編訳『日本人の９割が知らない英語の常識181』（ちくま新書、2018年）→本文での引用表示：クラフト（2018）

最所フミ編著『英語類義語活用辞典』（ちくま学芸文庫、2003年）→本文での引用表示：最所（2003）

最所フミ編著『日英語表現辞典』（ちくま学芸文庫、2004年）→本文での引用表示：最所（2004）

宮本倫好著『英語・語源辞典』（ちくま学芸文庫、2004年）→本文での引用表示：宮本（2004）

　いろいろな情報を重ねることで、理解が飛躍的に進むこともあります。また言葉は生き物であり、時代や世代によって意味が変わることがあります。英語学習者の間で名著として知られてきた最所（2003）の原本は1984年、最所（2004）の原本は1980年発行です。同じ単語に

ついて、この2冊と本書での説明の違いを見つけるのも、語学を学ぶ楽しみの一つです。

　なお、各節で解説する意味に、**米国英語**を母国語とするネイティブスピーカーにとっての普通度の目安（指標）を、5段階の「ランク」として付けています。米国の平均的な高校生がすぐに認識できる意味（ランク3）かどうかを基準に、ランク5なら、子どもも含めてほとんどの米国人がすぐ認識できる意味、ランク1ならとても硬い文語表現か特定分野の専門家が使う用法、となります。各節見出しには、その節で取り上げるメインの意味（例文❶）のランクを入れました。ここで特に記しておきたいのは、ランク2が、必ずしも**「使えない用法」**を示すものではない、ということです。ランク2の用法が、大人の洒落た言い方である場合もありえます。そうした点もできるだけ解説しました。

　本書は橘が取り上げる内容を選択し、共著者のジェフリー・トランブリー（Jeffさん）が例文英訳と各意味のランクを作成、橘がJeffさんに相談しつつ解説を附しました。編集者の伊藤笑子さんには、Jeffさんを紹介していただいたことから、日本語解説の書き方にいたるまで、本書作成のまさに最初から最後まで伴走していただきました。また、著者の母と姉は、本書の基になった英語資料の整理を、数十年もの間続けてくれています。心から感謝します。

　では、「じつは知らない」（かもしれない）英単語の世界に出かけましょう。

　　　2020年9月

　　　　　　　　　　　　　　　　　　　　　橘　永久

日本人の9割がじつは知らない英単語100
【目次】

本文デザイン＝中村道高 (tetome)

日本人の9割が
じつは知らない
英単語100

001 | address 動 名

住所がなくとも対応できます

ランク 4 ★★★★☆

---

❶The government is building power plants to address the frequent power outages.
『政府は、頻発する停電に対処するため、発電所を数か所で建設中です。』

名詞では住所やメールアドレスの意をすぐに想起できますが、動詞 address には、「(問題に) 取り組む、解決のために努力する」という意味があります (ランク4)。

気を付けるべき点は、address してもその問題が解決するとは限らない、ということです。❶では、建設中の発電所が全て完成しても、停電は完全には無くならないかもしれません。動詞 address の意を正確に記すと、「問題に注意を向け、その解決に向けての重要な一歩を踏み出す」ということです。

❶の address を、deal with や tackle で置き換えても文意は変わりません。ただし、address よりくだけた (informal) 言い方となります。一方、❶の address を

resolve で置き換えると、「停電を無くすために」という意味になります。resolve は、「厄介な状況（問題）を、満足のいく状態にまで解消する」行為を指します。

❷The school principal <u>addressed</u> the graduates at the commencement ceremony.（校長先生は、卒業式でお祝いの言葉を<u>述べられ</u>ました。）

❸The Gettysburg <u>Address</u> by President Lincoln is one of the best known speeches in US history.（リンカーン大統領のゲティスバーグ<u>演説</u>は、米国史上最もよく知られている演説の一つです。）

❹In Japan, we usually <u>address</u> our academic advisers by their last names and the title 'sensei'.（日本では、自分の指導教員と話す時、教員の姓に「先生」を付けて<u>呼ぶ</u>のが普通です。）

　❷は「**演説する、講演する**」の意、❸はその名詞用法の例です（ **ランク❹** ）。❷は、give a speech や deliver（024節❺）で言い換え可能です。❹は「**（人を〜と）呼ぶ、呼びかける**」の例です（ **ランク❺** ）。

　「演説する」、「呼びかける」は、「（問題に）取り組む」と全く別の意味に聞こえますが、「注意を何かに向ける」という部分が共通しています。address の語源は、「向ける」という意味のラテン語単語とされています。注意を問題に向ければ「取り組む」になり、多数の人々に向ければ「演説する」、個人に向ければ「呼びかける」、さらには場所に向ければ「住所・宛先」の意になります。

002 | answer 動 熟

答えは、説明先を意識すること

■ ランク 4 ▶ ★★★★☆

---

❶The Cabinet Office <u>answered to</u> the court's order to disclose all the documents about the cherry blossom viewing party.
『内閣府は、「桜を見る会」の関連文書を全て公開するように、という裁判所命令に従った。』

　動詞 answer には「〜の命令に従う」という意味もあります（ランク4）。to 以降で従う相手・内容を示します。一方、よく知られた「質問に答える」の意味については、「answer the question と言い、to は付きません」と英語の授業で注意された方も多いと思います。
　「質問に答える」と「命令に従う」はかけ離れた行為のように思われますが、「相手の求めに対応する」という根っこの意味は共通です（＊注1）。この点を意識して、より一般的な answer to の使い方を見てみましょう。

❷The Lieutenant <u>answers to</u> the General. （中尉は

将軍の指揮下にあります。）

❸Senator Feinstein answers to the California vot-ers.（ファインスタイン上院議員は、カリフォルニア州民に対して責任を負っています。）

❹She only answers to God.（彼女は、神のみに従う。）

❷も「命令に従う」と訳すことはできますが、❶が特定の命令に従う状況であったのに対し、中尉は将軍の様々な命令に常に従います。**「指揮下にある」**がより適切な訳です。❸には「命令に従う」という訳を当てるのは無理です。カリフォルニア州選出の上院議員は、州民の命令に従うわけではありません。州代表として、州民の意志を体現する議会活動を行う「義務を負って」いるのです。❹では、神の求め（命令）にのみ応じ、他の一切の権威は気にしない、という含意が出ます。

❷・❸・❹（全て❶と同じ ランク❹）に共通しているのは、to 以下の相手に対して、**「自らが取る対応を説明する責任を負う（be accountable to）」**という意味です。❶の「（特定の）命令に従う」も、命じられた行為に関して責任を果たすという点で、この意に含まれています。

❺Ginza is Tokyo's answer to New York's 5th Av-enue.（銀座は、ニューヨークで言えば五番街に当たるところです。）

名詞 answer に基づく熟語 answer to もあり、「〜に相当する人や場所」を意味します（ ランク❸ ）。

003 | arrest 動 名

「止める」か、「逮捕する」かの二択

ランク3 ★★★☆☆

❶The Paris Agreement has been signed by 195 countries to <u>arrest</u> human-induced climate change.
『人為的気候変動を抑制するため、195か国の代表がパリ協定に調印した。』

　動詞 arrest には「(何かの動きを) 止める、抑制する」という意味があります (ランク3)。日本人がよく知る「逮捕する」(ランク5)は、警官が犯人を「押し止める」が、徐々に独立した意味として確立したものです。

❷Newspapers reported that the rock star's cause of death was <u>cardiac arrest</u>.(新聞各紙は、そのロック・スターの死亡原因を<u>心不全</u>と報じた。)
❸She scanned the antique shop and was immediately <u>arrested</u> by the mysterious beauty of the small Buddha statue in the corner.(彼女は骨董品

店の店内を素早く見回したが、その目はあっという間に、隅にあった小さな仏像の神秘的な美しさに<u>釘づけにされて</u>しまった。）

❷は、「停止」の意の名詞用法の例です。cardiac arrest「心停止、心不全」は、ニュースでよく耳にします（ ランク4 ）。

英和辞典の多くは、動詞 arrest の意味として、❸の「（注意を）引き付ける、人目を引く」も紹介しています。しかし米国英語のネイティブスピーカーにとっては、動詞 arrest の意味は、「逮捕する」と「（何かの活動を）止める」の2つしかありません。「（注意を）引き付ける」という日本語訳は、「止める」の arrest が、「（何か興味深いものが）前から動いていた**目の動きを一時的におし止める**」状況を描写しているケースに当たります。

「止める」の arrest の要点は、❶の 気候変動、❷の心臓や❸の scan（見回す）のように、**進行中の動きが明らかな時のみ使える**ということです。例で考えてみましょう。大学生の A 君は教室で講義を聴いています（動きなし）。今、教室後方で学生間に口論が起こったとします。A 君は、日本語で言うと「注意を引かれて」何事かと振り返るかもしれません。しかしこの状況では

　×During the lecture, student A was arrested by
　　the fight in the back row.

という英語はありえません。A 君が元々動いていなかったこの場の正しい表し方は、... was distracted by the fight（口論に注意をそらされた）です。

004 | bank （動）（熟）

銀行に頼るのが一番確実だ

ランク4 ★★★★☆

---

❶ The Liberal Democratic Party could once <u>bank on</u> support from farmers, but not anymore.
『自由民主党は、かつては農業従事者からの支持を<u>当てにできた</u>が、今は事情が変わった。』

　読者の多くが、まず「銀行」を想起されると思います。地理・建設業関係の読者なら、「川岸、（川沿いの）土手」を想起されるかもしれません。「銀行」と「川岸」のbank は、異なる語源に由来する同形異義語です。
　「銀行」の bank には、「預金する」を意味する動詞用法があります。この用法に基づく熟語 bank on は、「〜を当てにする、〜に頼る」を意味します（**ランク4**）。お金は銀行に預けておけば安心、から派生した言い方です。

❷ Mika knew she could <u>bank on</u> Aiko being on time.
（美香は、愛子が時間どおりに来ることを<u>当てにして</u>よいと分かっていた。）

❸The CEO is going to announce his retirement next week — you can take that to the bank. (CEO〈最高経営責任者〉は来週引退を発表する。確かな情報だ。)

❹Suddenly, the plane banked to the right, just narrowly missing another oncoming flight. (その飛行機は、突然機体を傾けて右に旋回し、わずかな差で、前方から来る別の機と無事すれ違うことができた。)

　熟語 bank on は、020節の count on と同義です。❷では、020節❸と同内容の例文を用いました。

　❸は、「確かな情報だ。間違いないよ」を表す決まり文句です（ ランク2 ）。「この小切手を銀行に持って行けば確実に換金してもらえるよ」から転じた言い方です。米国では20年前くらいまで、スーパーマーケットでの日常の買い物も、個人振出小切手で支払うのが一般的でした。クレジットカードやスマホ決済に押され、個人小切手を使う場面が珍しくなったことから、30代以下の人には少し分かりにくい言い方になってきました。

　❹は「（川沿いの）土手」の bank の動詞用法、「（車体や機体などを傾けて、相当のスピードで）**方向を変える、旋回する**」の意の例です（ ランク3 ）。「土手」と「方向を変える」の間に関連を見出すのは難しいですが、この bank の語源は、昔北欧で使われていた言語の「棚・斜面」を表した語であったと考えられています。土手は斜面を形成しますし、方向転換のために機体を片側に傾けると、飛行機も斜面を形成するように見えます。

005 | beam 動

満面の笑顔は幸福な光線を発する

ランク 4 ★★★★☆

❶The skater beamed after his perfect performance.
『フィギュアスケーターは、ノーミスで演技を終える
と満面の笑みを浮かべた。』

「光線」です。筆者と同じ50代の読者なら、ウルトラ
セブンのウルトラビームでしょうか。動詞 beam には、
「とても幸せそうに微笑む」という意味があります
（ランク4）。「喜びで顔が光線を発する」＝「満面の笑み
を浮かべる」と考えれば、覚えやすいでしょう。

❷The young woman beamed in her wedding gown.
（その若い女性は、ウエディングドレスをまとい、と
ても幸せそうに微笑んだ。）

beam は、何かを大変誇りに思ったり（❶）、心から
幸せを感じた時（❷）の、ニッコリ度がとても高い笑顔
を表します。以下の smile との違いにも注意しましょう。

❸The mother <u>smiled</u> when her child kissed her goodnight.（母親は、子供のおやすみのキスを受け<u>満足げに微笑んだ</u>。）

❹Grandpa <u>smiled</u> as he recalled how he broke his leg skating while he was trying to impress grandma on their first date.（祖父は、祖母との初デートの時、祖母の気を引こうとスケートに挑戦して足の骨を折ったことを思い出し、<u>苦笑いした</u>。）

❺The tyrant <u>smiled</u> when he heard that the rebels were captured.（反乱者を一網打尽にしたとの報告を受け、暴君は<u>邪悪な笑みを浮かべた</u>。）

　smile が表す笑みは、❸・❹・❺のように種々の状況に対応し、誇りや幸福といった特定の原因によりません。また幸福感による笑顔に smile を使うのは、幸福の度合いが beam を使う時よりかなり控えめな場合です。❸の笑みが日々のささやかな幸せからこぼれ出たものであるのに対し、❷の笑みは生涯に一度（せいぜい数回？）の、結婚という大イベントを迎える喜びから生じたものです。

　その他の違いに、smile が名詞としてもよく使われるのに対し、beam が名詞形で使われることはほとんどないことがあります。そして smile が表す笑みは、前述のようにニッコリ度が beam よりかなり低くなります。beam は「満面の笑みを浮かべる」、smile は「軽く微笑む」と区別して覚えておきましょう。

006 | beat 名 形 熟

自分の受け持ちエリアを闊歩する

ランク3 ★★★☆☆

❶The police officer's <u>beat</u> included 16th and Grand.
『その警官の見回り区域には、16丁目とグランド通り
の交差点とその周辺地域が含まれていた。』

「ビートの効いた音楽」等で、日本語としてもおなじ
みです。英和辞典の動詞 beat の項目には、「(拳・棒な
どで)連続して打つ、打ちのめす、(太鼓などを)連打
する」といった語義が並んでいます。

名詞 beat には、「拍、拍子」の他に、「(警官・新聞
記者等の)受け持ち区域、専門分野」の意味があります
(ランク3)。足や警棒でドカドカと「地面を打って」歩
き回る姿を連想すれば、「見回り区域」も「連続して打つ」
の意に基づいていることが分かります。この意味での名
詞 beat は、必ず単数形で使われます。patrol area と
言う場合に比べると、くだけた感じがする口語表現です。

❷Takeshi was excited to be hired by *Chiba Nippo*

to cover their local sports beat.（武司は、千葉日報の地元スポーツ欄担当としての職を得たことに、とても興奮していた。）

❸In the town meeting, the opponents of the wind farm booed and jeered the mayor. Without missing a beat, she answered all the questions from the floor.（町民集会で、風力発電所建設反対派は市長に激しいヤジを浴びせた。市長はひるむことなく、会場からのすべての質問に答えた。）

❹After 8 hours in the operating room, the surgeon was beat when he finally returned to his call room.（8時間にも及ぶ大手術を終えて当直室に帰り着いたとき、その外科医はへとへとの状態だった。）

❷の beat は、地理的な担当区域でなく、記者の「担当分野・専門分野」を表しています。

❸は、「拍子・脈拍」の名詞 beat に基づく熟語の例です。「心拍を乱す（miss）ことなく」が転じて、「ひるむことなく、慌てる気配を見せずに」の意となります（ ランク❺ ）。

形容詞の beat には、❹の「とても疲れた」の意味があります（ ランク❺ ）。打ちのめされた（beaten up）状態を考えると分かりやすいと思います（072節❺）。exhausted や very tired と同じように使えますが、beat が最もくだけた感じに響きます。＊注2の「ビート世代」の解説も参照してください。

007 | beef 名 熟 動

上司への不満は、牛肉への不満

ランク4 ★★★★☆

❶How did your beef with the boss start?
『一体どうして上司に不満を持つようになったんだい？』

　米国刑事ドラマの尋問場面で初めて have a beef という セリフを耳にした時は、「おお、肉食のアメリカ人でも牛肉を食べたか訊くんだ」と驚いたことを覚えています。もちろん私の誤解で、実際は、被害者と揉めるようになった原因について、刑事が被疑者を問い質している場面でした。

　名詞 beef には**「苦情、不満」**という意味があります（ランク4）。日本ではまだ高級感のある牛肉が、どのようにして「不満」の意を持つようになったのか正確なところは分かりませんが、アメリカの軍隊で、食事に供される牛肉の量・質に対する不平が続いたことに起因する、という説があります。

❷Jack often beefs about the amount of homework

in his classes.（ジャックは、「学校の宿題が多すぎる」とよく<u>不平を言っている</u>。）

❸Several universities are <u>beefing up</u> their nuclear engineering programs.（核工学の教育課程を<u>拡充している</u>大学もいくつかあります。）

❹To <u>beef up</u> its noon-time variety program, the TV station hired a famous comedian.（<u>お昼</u>のバラエティー番組を<u>より面白いものとする</u>ために、そのテレビ局は、著名なお笑い芸人を雇った。）

❷は「不平を言う」という動詞用法です。名詞に比べると使われる頻度は低く、 ランク❷ となります。

❸・❹は、牛肉の意の beef に関わる熟語 beef up の例です。「（牛を食用に）太らせる」の使い方が転じて「〜を拡充する、充実させる」を意味するようになりました（ ランク❹ 、＊注3）。テレビ番組は、充実させると「より面白く」なります。既存のものを強化するという意味であり、新たな対象を加えるという意の expand とは異なります。例えば以下のように使い分けます。

❺President Trump wants to <u>beef up</u> border protection by building a wall between the US and Mexico. However, he has not considered *expanding* border protection along the Canadian border.（トランプ大統領は、壁を築くことで、メキシコ国境警備を<u>より厳格に</u>したいと考えている。しかし大統領は、カナダ国境の警備厳格化は考えていない。）

008 | belt (動)(熟)

熱唱するのは卑怯なのか

ランク4 ★★★★☆

---

❶He belted out the solo so even those in the back could hear him.
『彼はソロパートを大きな声で歌い上げたので、後方の座席の観客も彼の歌を聴くことができた。』

　車のシートベルトやズボンをとめるベルトは、日本語として定着しています。動詞 belt には、「(力強く)大きな声で歌う」という意味があります(ランク4)。通常、❶のように out を伴います。sing loudly と同じ意味ですが、belt out の方がよりくだけた口語表現です。

　ズボンのベルトを緩めて大声を出すということかな、と思っていましたが、オックスフォード英語辞典によると、「(ベルトなどで)激しく打つ」という belt の動詞用法から発展した意味です。「激しく打つ」から、「(何かを)荒々しく打ち出す、素早く大量に生み出す」という意が派生し、「声を大量に連続して生み出す = 大きな声で歌う」となりました。声楽では、胸を響かせて地声

に近いまま大きな声を出す歌唱法を belting と言います。

❷The rookie player <u>belted</u> 12 home runs in his first season.（その新人選手は、最初のシーズンにホームランを12本かっ飛ばした。）

❸Insulting his sister was <u>hitting below the belt</u>.（彼の妹を侮辱するとは、卑怯なやり口だ。）

❹Johnny <u>has</u> four marathons <u>under his belt</u>.（ジョニーは、マラソンを4回完走している。）

❺Ellen <u>has</u> little highway driving time <u>under her belt</u>.（エレンは、幹線道路で運転した経験がほとんどない。）

　前記「激しく打つ」の動詞用法は、❷のように実際にベルトを使わない場合も含めて、「（物を）激しく打つ、（人を）ぶん殴る」の意で幅広く使われます（ ランク4 ）。

　❸は、ボクシングの反則行為であるローブローから発展した、「卑怯な行為をする」という意の熟語の使用例です（ ランク4 ）。

　❹・❺は、「（何かを）申し分ない水準で達成した、経験した」という意の熟語 have（something）under one's belt の例です（ ランク3 ）。「飲食物がお腹（ベルトの下）に無事おさまった」から派生した表現です。単に「経験した」と「高水準で達成した」とでは内容が異なるようにも思われますが、以前やったことがあるのだから「次回も多分できる、この人にはその仕事や活動を行う能力がある」という意味を含めた言い方です。

009 | betray 動

裏切るつもりが本音をうっかり……

ランク 3 ★★★☆☆

❶The crumbling ruins are all that betray a once thriving colony.
『崩れかけた廃墟だけが、かつてここに大いに栄えた入植地があったことを示していた。』

betray と聞けば、まずは「裏切る」を想起される読者が多いと思います。動詞 betray には、「（事実や本心などを）うっかり表に出す、（間接的に）示す」という意味もあります（ランク3）。❶では廃墟の存在が、この場所にかつては栄えた入植地があったことを、「間接的に」示している（= reveal indirectly）わけです。

❷Although he seemed nonchalant, his sweaty palms betrayed his nervousness when he asked Jessica to the dance.（ジェシカをダンスに誘った時、彼は平然としているように見えた。しかし彼の汗ばんだ手のひらが、彼の緊張を表していた。）

❸Her stone face betrayed none of her emotions.（彼女は無表情を保ち、その心の内を全く表に出さなかった。）

❷・❸は、人の感情を「（うっかり）表す = show unintentionally」の使用例です。❷の「ダンス」については、022節❸を参照してください。

❹"You betrayed our trust when you let your friends take what they wanted from the store," the owner told Ken.（「友達に店の商品を勝手に持ち出させたとき、君は我々の信頼を裏切ったんだ」と店主はケンに告げた。）

❺You broke our trust.（君は我々の信頼を裏切った。）

❻I am disappointed in you.（君には失望させられた。）

❹は「裏切る」の意の betray の例です（ ランク５ ）。この意の betray は、非常に強い言葉であることに注意しましょう。裏切った相手との信頼関係を修復することはもはや不可能である、との含意が出ます。

「裏切る」の比較的穏やかな言い方としては、❺・❻があります。人間関係を終わりにするまでの意志が無い場合は、こうした言い方をするべきです。

betray の語源は、「手渡す」を意味するラテン語単語だと考えられています。機密情報や忠誠を人に手渡せば❹の「裏切る」の意になり、事実や本心を人に手渡せば、❶・❷・❸の「本心を思わず表に出す」の意になります。

010 | bill 動 名 熟

お勘定とチラシ、まさに申し分ない!

ランク4 ★★★★☆

---

❶The Constitutional Democratic Party has billed itself as the party attempting reform based on grassroots concepts.
『立憲民主党は、草の根からの改革を目指す党として、選挙民にアピールしている。』

海外旅行好きには、Bill, please.(お勘定お願いします)でおなじみです。名詞 bill には「広告、チラシ、ポスター」の意味もあり、その動詞形「(ビラなどで)広告する、宣伝する」もあります(ランク4)。

❷Two Grammy-winning singers are billed as the main actresses of a new Broadway show.(ブロードウェイの新しいショーで、2人のグラミー賞受賞歌手が主演を務めると発表された。)
❸The school needed a new principal who would invigorate a flagging academic program. Mr. Johns

<u>fit the bill</u>.（その学校は、劣化した教育内容を再活性化できる新校長を必要としていた。ジョーンズ氏は、その条件にまさにドンピシャリだった。）

❹The stimulus package <u>bill</u> passed the House.（景気対策法案は、下院を通過した。）

❷は、「（興行や会議の）プログラムに載せる」という使い方です。ネイティブスピーカーにとっては、❶の「広告する、宣伝する」と同じ使い方です。

❸は、「（探していたものに）ドンピシャリで要求を満たすもの、申し分のないもの」の意の熟語です（ ランク❺ ）。「求人広告どおりの」とイメージすると、覚えやすくなります。flag については、034節を参照してください。

❹は名詞「**法案**」の例です（ ランク❺ ）。045節で、measure に「法案」という意味があることを紹介しています。measure と bill の違いは何でしょうか？ 米国議会では、新たな法律を提案する手段として「法案」bill と「（上下）両院決議案」joint resolution があります。三権分立が厳格な米国では、日本でいう行政府提出法案（政府案）は名目上存在せず、bill を提出できるのは議員のみです。米国議会用語の bill を正確に訳せば、「議員立法案」となります。一方 measure は一般的に「法案」を意味する語で、条例まで含みます。法案 bill が上下両院を通過し、さらに大統領が内容に同意して署名すると、法律 law として制定されることになります。ただし通常は、bill、measure ともに、法律・法案を表す語としてそれほど厳密に区分せず使われています。

011 | bust 動 名 熟

液晶を壊した、捕まった、倒産した

■ランク5▶ ★★★★★

---

❶I dropped my smartphone and busted my screen.
『スマホを落として、スクリーンを壊してしまった。』

　セクハラを感じさせてしまうかもしれませんが、「女性の胸部」の意を想起する読者が多いと思います。語源が異なる同形異義語の動詞 bust は、「**(物を) 壊す**」を意味します（■ランク5■）。「爆発する」を表す burst の簡略形として生じた語で、burst、break（burst と語源が同根）と同内容を表す口語表現でよく使われます。

❷The police busted into the house after getting a tip from a neighbor.（警察は近所から寄せられた通報に基づき、その家を捜索した。）

❸At customs, Kenta got busted for having too many bottles of perfume.（あまりに多くの香水を持ち込もうとしたということで、健太は税関検査で捕まってしまった。）

❹I saw you take the last donut! Busted! （最後のドーナッツを取ったな！ バレてるぞ！）

❺Young people fear the pension system will go bust in the future. （若者の多くは、年金制度が破綻するのではないかと恐れている。）

❻The busts of the former Prime Ministers are displayed in the hall. （玄関ホールには、かつての首相達の胸像が飾られている。）

　❷は「（警察が）現場に踏み込む、手入れをする」の意の例です （ランク❸）。burst の「突入する」から派生した表現です。tip については090節を参照してください。

　❸は、❷から派生した「（警察などが人を）捕まえる」の意の例です （ランク❺）。通常、受動態で「捕まった」を表します。003節の arrest が警察の正式の手続きとしての「逮捕」を表すのに対し、この意の bust は単に身柄を拘束する状態を表します。

　❹の busted! は、❸から派生した最近の会話表現です （ランク❺）。人が何かしてはいけないことをしているのを見た時に冗談めかして使う言葉です。「してはいけない」といっても、例のように些細なことが対象です。

　❺の go bust は「倒産する、（制度・組織が）破綻する」を表す熟語です （ランク❸）。

　「女性の胸部」の名詞 bust には、❻の「胸像」の意もあります （ランク❹）。実はこちらが本来の意味（しかもお墓の上に置かれた亡き人をしのぶための胸像）で、後に胸部を表すようになりました。

012 | button 名 形 動 熟

ボタンで怒らせないで

ランク4 ★★★★☆

❶Do not talk about family issues in front of him. It is a hot button for him.
『彼の前で家族の話はしないように。ひどく動揺してしまいます。』

　服や装置の「ボタン」です。バットンと発音します、と英語の授業で注意された読者もおられると思います。hot の後で使われた場合、「(人を) ひどく動揺させる話題、激しい議論を呼ぶ問題」の意となります（ランク4）。

❷Tax reform is always a hot button issue in politics.（政界では、税制改革は常に激しい論議を呼ぶ話題です。）
❸Hey, don't push your sister's buttons.（ほら、妹を怒らすんじゃありませんよ。）

　❷は、❶の hot button を形容詞として使った例です。

❸は、push somebody's buttons で「(挑発して) 怒らせる」という意の熟語です（ランク5）。子ども同士であれば服を何度も引っ張る、大人であれば嫌がる話題を持ち出すなど、相手を動揺・憤慨させる状況を表します。

❹The English literature teacher felt Shelly's analysis of *Hamlet* was right on the button.（英文学担当の教員は、ハムレットに関するシェリーの分析は的を射たものだと思った。）

❺The President came to the press conference room at 10:00 on the button.（大統領は、10時きっかりに記者会見場に現れた。）

❹・❺は、「まさにその通り、(時間にピッタリ) 正確に」の意を表す熟語 on the button の例です（ランク3）。「ボタンのように小さなものの上に乗る」という逐語訳からも、容易に意味を連想できます。

❻George buttonholed Paul during the party because he wanted to discuss their upcoming company merger.（ジョージは、予定されているお互いの会社の統合について議論したかったので、パーティーの間中、ポールを離さなかった。）

❻は、「相手の服のボタン穴をつかんで離さない」が転じて、「(迷惑がる相手をつかまえて) 長話をする」の意の動詞 buttonhole の例です（ランク4）。

013 | cash 熟 名

タナボタを現金化する!

ランク3 ★★★☆☆

❶The magazine cashed in on the interest in the royal wedding by publishing an exclusive interview with Prince Henry.

『その雑誌は、ヘンリー王子の独占インタビューを掲載することで、ロイヤル・ウェディング人気に乗じて利益をあげた。』

最近は「キャッシュレス社会」が官民で唱えられていますが、まだまだなじみの深い「現金」です。熟語 cash in on は、「(たまたま生じた状況を利用して)利益を得る、儲ける」を意味します（ランク3）。不正行為は意味しませんが、「自らの努力によらず生じた状況に乗じる」という否定的な語感が少し加わります。

❷The actor wanted to cash in on his fame while it lasted. (その俳優は、名声が続いている間にできるだけ稼ごうと考えていた。)

❸The Prime Minister called a snap general election to cash in on the opposition leader's scandal.（首相は、野党党首のスキャンダルにつけ込むべく、解散総選挙を実施した。）

❹I saved a pile of cash in the bank.（銀行にかなり預金している。）

❺You have to have cash in hand to make a down payment.（頭金として、手元資金を用意してください。）

❻The publisher hoped the new magazine would be a cash cow.（その出版社は、新しく発行する雑誌が稼ぎ頭になることを期待していた。）

❷の俳優の名声は、cash in on を使っていることから、以前の出演作が何らかの事情で話題になった等、本人の演技力によらないものであることが暗示されています。また、cash in on が表す利益は金銭的なものに限りません。❸で首相が「稼ぐ」のは、与党の議席数です。

我々が現物のお札やコインとして認識している cash が、より一般的な「資金 =money」を表す場合もあります。ネイティブスピーカーは❹のように、money の代わりに cash をよく使います。❹は saved a lot of money と言い換えることができます。一方、cash の代わりに money を使えないケースが多いので気を付けましょう。❺の「（すぐに使える）手元資金」を、money in hand と言い換えることはできません。

❻は、「稼ぎ頭、ドル箱」を表す cash cow の例です。遊牧民を祖先に持つ西洋らしい決まり文句です。

014 | cause 名 動

原因も目的も、大義名分を掲げよう

ランク5 ★★★★★

❶According to a report on philanthropy, religious causes received the most charitable donations.
『慈善事業に関するある報告書によると、宗教上の大義名分を掲げた活動が、最も寄付を集めたそうです。』

　名詞用法の「原因」や、動詞の「〜を引き起こす」の意味を思い浮かべる読者が多いと思います。名詞 cause には、「(団体・グループの) 理念、目的、大義、(主義を実現するための) 運動」という意味もあります（ランク5）。原因と目的では意味が反対のようにも感じられますが、どちらも「(何かを) 引き起こす」という点は共通しています。

　この意の cause と belief や principle との違いを確認しておきましょう。例えば「人の一生は受精時に始まる」というのは、個人の信念（belief）、道徳的信条（principle）です。ある人が自らの belief を他の人に伝え、多くの人々が同一の belief を目指して活動を始め

ると、belief は大義・主義（cause）となります。米国
では妊娠中絶合法化反対の cause を掲げる運動を pro-
life movement、女性の出産選択を強化する cause を
掲げる運動を pro-choice movement と言います。

❷Her daughter has been a champion of the pro-life
cause. （彼女の娘は、妊娠中絶合法化反対<u>運動</u>の闘士
の一人です。）

❸Don't waste your energy on him; he's a <u>lost cause</u>.
（彼にかまうな。彼にはもう<u>見込みはない</u>。）

❹Although they found him underwater, the <u>cause</u>
of death was a gunshot wound to the head. （彼の
死体は水中で発見されたが、死亡<u>原因</u>は、頭部への銃
撃だった。）

❺What <u>causes</u> a rainbow? （虹はどうやって<u>発生する</u>
んだい？）

「大義・（主義を実現するための）運動」の意の cause
は、❷のように015節の champion と組み合わせて使
われることがよくあります。また、この意の cause は
人に対しても使えます。❸は、ある人物を「失われた目
的」と描写することで、「見込みのない人」を表してい
ます。He is beyond help で言い換えることができます。
　❹は、「原因」の意味の例です（ ランク❺ ）。cause of
death は、米国の警察ドラマなどでよく耳にします（003
節❷）。❺は、動詞用法「引き起こす」の例です。こち
らも ランク❺ です。

015 | champion 名 動

優勝者だけではない、
闘う人のすべて

ランク4 ★★★★☆

---

❶The presidential candidate <u>champions</u> national-
ism over the EU.

『その大統領候補は、欧州連合に対するナショナリズ
ムを掲げて<u>闘っている</u>。』

「（スポーツの）優勝者・選手権保持者」のチャンピオ
ンは、日本語として普通に使われています。名詞
champion には、「(主義・主張などの）擁護者、（権利
等を求めて）闘う人」という意もあります。対応する動
詞用法もあり、「(主義・権利等を）求めて闘う、擁護す
る」を表します（ランク4）。champion の語源は「戦士」
を意味するラテン語なので、「(権利等を求めて）闘う人」
の方が、「優勝者」よりも原義に近い用法です。

　❶の champion は、stand up for、fight for、advo-
cate、promote で言い換えることができます。stand
up for と fight for は、簡潔で力強さを感じさせ、感情
に訴えかける語感があります。例えば政治家が、選挙集

会で場を盛り上げるために使う表現です。他方 advocate と promote には、クールで落ち着いた語感があります。政治家が議会で演説する際は、熟練と落ち着きを感じさせるこれらの語を使う、といった具合です。

❷She is a <u>champion</u> of the anti-corruption movement.（彼女は、汚職撲滅運動の強力な推進者です。）

❸President Trump has <u>championed</u> the US manufacturers.（トランプ大統領は、米国の製造業者のために<u>闘って</u>きた。）

❹Muhammad Ali, the great heavyweight <u>champion</u>, was also a <u>champion</u> of African American rights.（ヘビー級の偉大な<u>チャンピオン</u>であったモハメド・アリは、アフリカ系アメリカ人公民権運動の<u>闘士</u>でもありました。）

champion の語感は、stand up for と fight for に近いものです。しかし、通常は他の人を描写する際に用います。例えば選挙集会で司会者が、❷のように候補者を紹介する場合です。候補者自身が 'I am a champion of the anti-corruption movement.' と言うと、かなり奇異に響きます。

champion の目的語、すなわち擁護・支持する対象は政治上の主義や権利であることが多いですが、❸のように特定の業界・団体の利益を対象とすることもあります。

❹は、スポーツの「チャンピオン」（ ランク❺ ）と「（権利を求めて）闘う人」の意を組み合わせた例です。

016 | command 動 名 形

支配して命令すれば、報酬を得ることができる

ランク3 ★★★☆☆

---

❶Her organic vegetables <u>command</u> at least twice the price of the nearby farms' produce.

『彼女の農場のオーガニック野菜は、近隣農場の野菜の少なくとも倍の<u>値が付く</u>。』

　プログラミングをする読者は、コンピューターに種々の指示を出す「コマンド」がまず頭に浮かぶかもしれません。ゲーム好きの方なら、戦闘ゲームに出てくるコマンダー（commander）でしょうか。command の「命令する」の意はよく知られています（**ランク5**）。

　動詞 command には、「（高い価格・報酬、尊敬・注目を）得る、集める」という意味もあります（**ランク3**）。command の語源は、「人の支配に身をゆだねる」を意味したラテン語だと考えられています。値段や他人の評価を「支配できる」と理解すれば、「命令する」の意から連想しやすい用法です。❶の produce については、056節の❺を参照してください。

❷Now in his 40s, he finally <u>commands</u> a huge salary from the firm.（40代になり、彼はついに会社から多額の報酬を<u>得る</u>ことになった。）

❸The new soccer coach instantly <u>commanded</u> respect from the players.（新任のサッカーコーチは、あっという間に選手からの尊敬を<u>集めた</u>。）

❹The Olympic Games still <u>command</u> huge global audiences.（オリンピックは、依然として世界中から大観衆を<u>集める</u>イベントです。）

❷は報酬、❸は尊敬、❹は観衆を「得る」の例です。この意の command には、高報酬や尊敬を得る側が、それに十分値する特別な資質・品質を有している、という含意があります。❷では、40代に入った彼が、特定の顧客網や技能など、高報酬に値する資質を身に付けた（または会社がそれを認識した）ことが暗示されています。

❺He has a good <u>command</u> of at least 6 languages.（彼は少なくとも6か国語を自在に<u>操れ</u>ます。）

❻The candidate has a <u>commanding</u> lead in the polls.（その候補者は、世論調査で<u>圧倒的な</u>リードを保っていた。）

❺は、「外国語を支配する」で「（外国語を）操る」の例です（ ランク❹ ）。a poor command of English（上手くない）のようにも使えます。❻は、「圧倒的な」を意味する形容詞 commanding の例です（ ランク❸ ）。

017 | **compromise** 動

ハッカー侵入！ セキュリティの危機を どう表現するか？

ランク5 ★★★★★

---

❶All FBI undercover operations were <u>compromised</u> when a hacker entered their server.

『ハッカーがサーバーに侵入したことにより、FBI（連邦捜査局）のすべての覆面捜査が<u>危険にさらされる</u>ことになった。』

「妥協して合意する」です。本書で取り上げる単語の中では難しい部類に入るかもしれませんが、「一緒に」を表す接頭辞 com と、「約束する」の promise の組み合わせから、「仲裁者の決定に従う約束を一緒にする」という語源にまでさかのぼることは容易です。

動詞 compromise には、「〜を危険にさらす」という意味もあります。明らかに悪い意味です。筆者は、「妥協」や「合意」から悪い印象を受けることがない典型的日本人なので、この意に慣れるまでかなり時間がかかりました。しかもこの悪い意味は ランク5 です！

❷The White House server had been <u>compromised</u> by the Russians according to the report.（報告によると、ホワイトハウスのサーバーは、ロシアの諜報機関に<u>不正侵入され</u>ていた。）

❸The company's lack of security <u>compromises</u> user privacy.（その会社の不十分なセキュリティは、顧客の個人情報を<u>危険にさらして</u>いる。）

❹He is willing to <u>compromise</u> his ideals to win the election.（彼は、選挙に勝つためなら、自らの理想を<u>犠牲にする</u>気でいる。）

❺We need to <u>compromise</u> more if our relationship is going to last.（両社の関係を存続させるためには、双方ともにさらに<u>譲歩する</u>必要がある。）

2016年の米国大統領選挙で、政党のサーバーへの不正侵入がスキャンダルとなって以来、「危険にさらす」の compromise が、❷・❸のように、会社などの情報セキュリティに関して使われるケースが急増しています。

❹は「（高い水準・理念などを）犠牲にする、下げる」の意の例です（ ランク❸ ）。これも悪い意味です。❶〜❹については、＊注４も参照してください。

❺は「妥協する」の例です（ ランク❺ ）。論争好きのイメージがある米国社会においても、この意に否定的な含意はありません。調べた限りでは、語源以来の「妥協する」が、どのようにして ❶〜❹ の悪い意味を持つようになったのか分かりませんでした。「自分に安易に妥協すると危険を招く」という論理なのかもしれません。

018 | corner 動 熟

相手を追い詰める先は?
と連想しよう

ランク4 ★★★★☆

❶The luxury watch market was virtually cornered
by the Swiss until recently.
『つい最近まで、高級時計の市場は、事実上スイス企
業が独占していた。』

　スポーツ好きの読者でなくても、サッカーのコーナー
キックや野球の「コーナーを突いた投球」等で、corner
の「隅・端」の意はおなじみと思います（021節❶）。
動詞 corner には、「隅に追いつめる」から発展した「窮
地に追い込む」という意もあります（**ランク4**）。
　そこからさらに、「（商品・株等を）買い占める、（市
場を）独占する」という動詞用法が生まれました
（**ランク4**）。競争相手を窮地に追い込む、というわけです。
monopolize の「独占する」が他社の市場参入を妨げる
ためになんらかの方策、もしかすると違法性のある方策
を取っている状況を示すのに対し、corner の「独占する」
は、必ずしもそうした妨害行為を意味しません。

❷No company has the corner on the market of personal printers.（家庭用プリンター市場で独占力を持つ企業はありません。）

❸You really have me cornered.（分かったよ。言うとおりにするよ。）

❹The reporters cornered the actress after the premiere asking her about her relationship status.（試写会の後、芸能リポーター達はその女優を追いかけ取り囲み、交際関係について質問を浴びせた。）

❺After the sanctions, the government was backed into a corner and had no choice but to give in.（度重なる制裁で政府は追い詰められ、譲歩せざるを得なくなった。）

　❷は、名詞 corner で「〜を独占する」を表す熟語 have the corner on 〜の例です（ ランク3 ）。

　❸は、「窮地に追い込む」の動詞 corner の例です。訳は文脈によりますが、「相手に選択肢のない状況に追いつめられ、もうどうしようもない」状況を表します。

　❹は、比喩としてではなく、人をどこかに追い込んで本当につかまえる場合の例です。この corner は、「罠で捕える」の trap で言い換えることができます。

　「窮地、苦しい立場」の名詞 corner（ ランク3 ）は、❺の back 〜 into a corner という熟語として使われることが一般的です。back を force で言い換えることもできます。sanction については、069節を参照してください。

019 | cough 熟 動

借金の度重なる督促の末に
しぶしぶ……

ランク4 ★★★★☆

❶After months of trying to get payment, the client
finally coughed up the money.
『何か月も支払いを求めた結果、顧客はようやく代金
を支払った。』

「咳（せき）」です。084節の胃痛同様、海外旅行前に、ガイ
ドブックに付いている体調不良時の英語表現法で勉強し
た方も多いと思います。熟語 cough up は、「咳をして
のどにつまったものを出す」が転じて「(情報やお金を)
しぶしぶ出す」を意味します（ランク4）。

お金を出す場合は、その「しぶしぶ」感が036節❶の
foot the bill によく似ています。違いをあげれば、
cough up は、「誰かがせっついて（または強制して）」
支払わせる状況を表すことが多い点です。

❷I finally coughed up 100 dollars for the parking ticket.
（駐車違反切符の100ドルを、ようやく支払った。）

❸His parents grilled him for an hour until he finally <u>coughed up</u> the reason he missed school.（彼の両親は、彼が学校をサボった理由をついに<u>白状する</u>まで、１時間にわたり彼を厳しく問い詰めた。）

　❶の cough up the money が決まり文句のように最もよく使われますが、❷のように金額を明示したり、cough up donations（仕方なく寄付する）と言うこともよくあります。❸は情報を「しぶしぶ出す」例です。grill については、040節を参照してください。

❹The car's engine <u>coughed</u> a few times before starting.（その車の<u>エンジン</u>は、スタート時に数回<u>異音を立てた</u>。）

❺She has had trouble sleeping because of <u>coughing</u> and sneezing. She's also had a runny nose. Last night, she threw up a few times. She's had diarrhea for the last week, too.（娘は<u>咳</u>とくしゃみでよく眠れないんです。鼻水も止まらないし、昨晩は数回吐きました。この１週間、下痢もしています。）

　車のエンジンから「ノッキング音などの異音が出る」場合も、❹のように cough で表します（ ランク4 ）。
　❺は、親が小さな子の症状を医師に告げるという想定で、体調不良を表す表現をおさらいしています。「吐く」については089節❷を参照してください。

020 | count 名 動 熟

ドラキュラ伯爵こそを
頼りにしています!

ランク5 ★★★★★

❶Count Dooku is the main villain in *Star Wars:
Episode Ⅱ*.

『ドゥークー伯爵は、映画「スターウォーズ・エピソ
ードⅡ」の最大の悪役です。』

「数える」の意は、カウントダウン等で日本語にも定
着しています。名詞 count には**「伯爵」**の意もありま
す（ランク5）。フランス語の *conte* が変化した語で、「数
える」の count とは語源が異なる同形異義語です。

貴族制度が存在しなかった米国で、「伯爵」の count
が ランク5 の単語となったのは、ドラキュラ伯爵（Count
Dracula）の名声によります。子ども向けの本やテレビ
番組でも人気のキャラクターであるため、「伯爵（count）」
は、ほとんどの米国人が知る語になりました。

例えば、日本でも放送された子ども向け長寿番組「セ
サミストリート」のキャラクター「カウント伯爵（Count
Von Count）」は、見た目からしてドラキュラ伯爵のも

じりです。また「スターウォーズ・エピソードⅡ」（2002
年公開）と「Ⅲ」（2005年公開）でドゥークー伯爵を演
じた俳優 Christopher Lee が、著名なドラキュラ役俳
優であったこともよく知られた逸話です。

❷Every vote counts.（どの票も等しく重要です。）
❸Mika knew she could count on Aiko being on
　time.（美香は、愛子が時間どおりに来ることを当て
　にしてよいと分かっていた。）
❹He was charged with 1 count of murder and 3
　counts of attempted murder.（彼は、1件の殺人と3
　件の殺人未遂の罪で起訴された。）

　「数える」の count の諸用法を見ていきます。❷は「重
要である」の意の例です（ ランク5 ）。政治家やメディア
が、人々に投票を呼び掛ける際に使う常套句です。
Every minute counts（一刻を争う）、募金運動等で
Every little bit counts（どんな少額の寄付でも構いま
せん、お願いします）もよく使われます。
　❸は「頼る、当てにする」を意味する熟語 count on
の例です（ ランク5 ）。人を味方・戦力として数える、と
解釈すれば、分かりやすい使い方です。depend on、
bank on（004節❷）、rely on と同義です。
　❹は、名詞用法「訴因」の例です（ ランク4 ）。起訴さ
れた罪状を数え上げる、と解釈すれば、これも理解しや
すい意味です。裁判では、それぞれの count について、
有罪か無罪かを争います。

021 | cut 熟

「手抜きする」を表す熟語

ランク5 ★★★★★

❶That construction company was fined for cutting corners on the safety codes.
『あの建設会社は、安全規定に反する手抜き工事をしたとして罰金を科された。』

　まずは「切る」でしょう。いくつか面白い熟語があります。❶の cut corners は、「(あるべき注意を払わず)手を抜く、省く」という意味です（ランク5）。元は運動場を走る時、きちんとその四隅を通過せず、ごまかして近道をしてしまうことを指す言い方でした。由来から明らかなように、通常 ❶のようにネガティブな状況を描写するときに使います。corner に関しては、018節も参照してください。

❷He's too soft－he's not cut out to play pro hockey.
（彼は気弱に過ぎる。アイスホッケーのプロには向いていない。）

❸Jiro went to 10 sushi restaurants in Barcelona, but only found 4 that <u>made the cut</u>.（次郎は、バルセロナで10の寿司レストランを試しましたが、<u>真っ当と思えた</u>のは4店しかありませんでした。）

❹Only 2 Japanese companies <u>made the cut</u> in the OLED market.（日本企業では2社だけが、有機発光ダイオード市場に<u>参入できている</u>。）

❷の not cut out to（do）または not cut out for〜は、「〜のために切り出されたものではない」が転じて、**「(人の資質・性格が〜の仕事、活動には)向いていない、適性がない」**を表します（ ランク5 ）。

❸・❹の make the cut は、何らかの合格基準（cut-off level）が設定されていて、それを上回る状態を指す熟語です（ ランク5 ）。合格基準は「並み」・「素晴らしい」など文脈に応じて変わり、訳も変化します。❸はお金を出してもよい程度の水準を、❹は販売できる質の製品をそれなりのコストで作れる水準を考えています。

make the cut は、元々はスポーツ用語、特に米国の高校スポーツで使われる言葉です。米国の高校で人気のある運動部に入るためには、まず入部テストを受けて合格（make the cut）する必要があります。テストで成績上位の者が varsity と呼ばれる学校代表チーム入りし、その次のレベルの学生は二軍チーム（junior varsity）に振り分けられます。入部を許可されない生徒も出てきます。最近は、二軍チームには希望者全員が入れる non-cut policy を標榜する学校も出てきています。

022 | dance 動 名

踊るだけではない、
その意味をうやむやにする

ランク3 ★★★☆☆

❶The senator <u>danced around</u> the issue of military spending.
『上院議員は、軍事費の問題を<u>うやむやにした</u>。』

　動詞 dance には、「うやむやにする、（〜の話題を）避ける」という意味もあります（ランク3）。通常around を伴います。「課題・質問の周りを踊っている」と考えれば、理解しやすい意味です。❶の状況は、具体的には以下の長〜い想定問答のようになります。

　記者：What do you plan to do about the large amount of military spending?（巨額の軍事支出にどのように対応すべきとお考えですか。）
　議員：Our military does currently have a large price tag. Our military is top-notch, and they are essential to the American way of life and world peace. The military also gives many Americans

the opportunity to further their education through the GI bill. We have to ask ourselves if the product justifies the price. （軍事支出は、確かに巨額になっています。我が国の軍は何といっても世界最高の軍ですし、米国の文化・世界平和の双方を支えるかけがえのない存在です。また軍は、復員兵援護法に基づき、多くの国民に高等教育を受ける機会を提供しています。我々は、軍の貢献が支出に見合ったものなのか、自問しなくてはならないのでしょうね。）

ここで議員は、どの選挙民も刺激しないようなコメントを長々としていますが、**質問には答えていません**。ノーコメントとの違いに注意しましょう。

❷Tom danced around the summer vacation plans whenever Mary raised it. （トムは、メアリーが何度持ち出しても、夏休みの計画をうやむやにしてきた。）
❸Would you like to go to the dance with me? （私とダンスに行かない？）

❷は、日常会話での dance around の使用例です。
❸は、米国の**学校行事「ダンス」**です。音楽と踊りはありますが、食べ物も出ます。踊らずに、ただ食べて話しているだけでも全く構いません。米国の高校で昔から行われている行事で、映画のシーンにもよく使われます（ ランク5 ）。卒業前の「プロム」（prom）は、ダンスの中で正装して行う最もフォーマルなものとなります。

023 | deal 熟 名

トランプのカードを配る前に、
取引と合意を

ランク4 ★★★★☆

❶The loss in the first game <u>dealt a blow</u> to the team's morale.
『初戦を失ったことは、チームの士気に<u>悪影響を与えた。</u>』

　トランプ大統領の活躍（！）によって、名詞 deal の「取引、合意」（ランク5）の意は日本にも浸透してきました。熟語 deal a blow は、合意とは正反対にも思える「(〜に)打撃を加える、悪影響を与える」を意味します（ランク4）。❷のように、「深刻な」の意を加える serious や heavy などの語と組み合わせて使われることもよくあります。

❷The new sanctions will <u>deal a heavy blow</u> to the Iranian economy.（新たな制裁は、イラン経済に<u>深刻な打撃を加える</u>だろう。）

❸When the time is right we will <u>make a deal</u> with China.（時機が来れば、中国と〈交渉して〉<u>合意す</u>

ることになるだろう。）

❹ She dealt out the cards to the players. （彼女は、
参加者に〈トランプの〉カードを配った。）

❺ It's really not a big deal for me to help you over
the weekend. （週末に手伝いに行くのは、大したこ
とじゃないよ。）

❸ は、中国との貿易交渉に関するトランプ大統領のツ
イート書き出し部分です（2019年5月14日）。deal が表
す合意は、agreement の合意と比較すると、「お金が絡
む商取引」の含意が強く出ます。こうした場面で
agreement や negotiate を使わない点が、トランプ大
統領の面目躍如といったところでしょうか。外交を不動
産取引の駆け引きのように行っている、というトランプ
大統領に対する批判は、大統領の deal という言葉好き
にも由来していることが分かります。ちなみに大統領の
著書に *'The Art of the Deal'* があります。

deal の語源は、「一部」「分割」を表す古ゲルマン語
と考えられています。何かを「分割」して人に「振る舞
う（配る）」ことから「取引」の意が生じ、取引成立か
ら「合意」の意が生じました。熟語 deal a blow は、何
かを分割して罰として配分する、ということになります。

「分割して配分」の意が一番強く残っている deal の
用法は、**❹** の「トランプのカードを配る」です（ ランク**⑤** ）。
一方、「人に振る舞う」の意が感じられる用法に、**❺** の
not a big deal 「大したことじゃない」（＝ 大きな振る舞
いではない）があります（ ランク**⑤** ）。

024 | deliver 動 熟

配達に限らず、
仕事とはやり遂げるものだ

ランク **4** ★★★★☆

❶ The Japanese national soccer team's head coach chewed out the forwards, who failed to deliver.
『サッカーの日本代表監督は、期待に応えられなかったフォワード陣を叱りつけた。』

　デリバリー・サービスという日本語としてもおなじみです（＊注5）。「配達する」とは、期待通りに物や手紙を届けることです。届けられるものに、約束などの抽象的な事柄が徐々に含まれるようになり、「(期待どおりに)仕事をやり遂げる、約束を果たす」という意味（ランク**4**）を持つようになりました。045節❹の measure up と同義です。どちらもややくだけた言い方ですので、人事査定などの特に正式な文書では、❷の meet the expectation of one's job を使うといいでしょう。

❷ Joe failed to meet the expectations of his job. （ジョーの仕事ぶりは、期待通りのものではなかった。）

❸President Obama worked hard to <u>deliver on</u> his promises of change.（オバマ大統領は、変革をもたらすという<u>公約</u>を果たすため全力を尽くした。）

❹She <u>delivered</u> 2 sets of twins, thus making her the mother of 4.（彼女は双子を2回<u>出産</u>したので、4児の母となっている。）

❺The school principal <u>delivered</u> a speech at the commencement.（校長先生は、卒業式でお祝いの言葉を<u>述べ</u>られました。）

❻The Party of Hope was established by Tokyo governor, Yuriko Koike. But in the last general election, its Tokyo arm could not <u>deliver the vote</u>.（希望の党は、小池百合子東京都知事が創設した。しかし先の国政選挙では、都民の<u>支持を得る</u>ことはできなかった。）

❸も「仕事をやり遂げる」の意ですが、やり遂げるべき内容（his promises）を明示している場合です。deliver on「内容」と熟語のように使われます。

❹は「出産する」、❺は「（演説、講義やスピーチを）行う」という使い方です（001節❷）。子どもや演説を送り届けるわけです。どちらも ランク5 です。

❻は「（あるグループの票や支持を）得る」の意です（ ランク2 ）。下部組織（Tokyo arm）が全体（希望の党）に票を届ける、という使い方が基本で、高級誌で見られる少し気取った言い方です。

025 │ discount 動 名

否定の意味を無視しないでください

ランク4 ★★★★☆

---

❶ I feel like my boss usually discounts my contributions to the company.
『私の会社への貢献を、上司が常々無視しているように思えてならない。』

　ディスカウントストアなど値段や買い物に関する意味を連想しがちですが、動詞 discount には**「無視する、考慮に入れない」**の意もあります（ランク4）。「否定・反対」を表すラテン語由来の接頭辞 dis が、020節❷の count「重要である」と結びついた単語です。

❷ The police are not discounting any suspect at this point in the investigation. （現段階で警察は、可能性のある全ての容疑者を捜査対象としています。）

❸ Jiro's parents completely discounted the teacher's story that their son was bullying other children. （治郎の両親は、治郎が他の子たちをいじめていると

いう教師の話を、ハナから信じなかった。）

❹Politicians often <u>discount</u> the news about the behavior problems of soldiers in war zones.（政治家は、自国兵士の戦場での問題行為に対する報道を<u>信じない</u>傾向がある。）

　discount は、その接頭辞ゆえに基本の意味が「否定」です。❷では二重否定となり、「考慮に入れないことはない」となります。ここでは肯定の訳にしました。
　動詞 discount には、「〜を事実であると信じない」という意もあります（ ランク❹ ）。「無視する」という訳でも通じますが、❸・❹ のように、人の話や報道に対する否定的な心の持ちようを表す際に用います。

❺Can I get a <u>discount</u> on this? The table is slightly damaged.（<u>少しまけてください</u>。このテーブル、ちょっと傷がついていますよ。）
❻My wife got that table at <u>a huge discount</u>.（妻はそのテーブルを、<u>大幅に値引い</u>てもらって手に入れた。）

　共著者の Jeff さんは、Can you price down? という日本語英語に「???」と思ったことが何度かあるそうです。「値引き」の discount を使えるようにしましょう。「少し・いくらか」のつもりで some discount と言いたくなりますが、ネイティブは❺の a discount と言います。「大幅に」は、❻のように huge を使うのが一般的です。＊注６も参照してください。

026 | dock 動 名

波止場とは別の場所で、
減点してやる!

ランク3 ★★★☆☆

❶Every time workers are late for work, the office will dock their pay by 5%.
『1回の遅刻ごとに、会社は賃金の5％を差し引きます。』

　乗り物好きの読者なら、造船所のドックや宇宙船のドッキングを思い浮かべられると思います。それとは語源を異にする同形異義語の動詞 dock は、「(賃金から) 金額を差し引く、(ポイントなどを) 差し引く」を意味します (ランク3)。

❷The teacher docked several points from my test for spelling mistakes! (あの教師は、スペルミスごときで私の試験の得点を何点か減点した！)

❸They tied their boat to the dock and headed for the beach. (彼らはボートを波止場に係留して、ビーチに向かった。)

❹My apartment in Sydney commanded a great view

of the harbor.（シドニーの私のアパートからは、港の素晴らしい眺めを見晴らせる。）

❺I'll take two days off next week for <u>getting a thorough health check</u>.（<u>人間ドックを受診する〈綿密な健診を受ける〉</u>ために、来週 2 日間休む予定だ。）

❷は「点を引く」の例です。動詞 dock は間違い・失敗の罰として点数や賃金を「差し引く」行為を表します。同じ「差し引く」でも、❷を deduct（または subtract）で言い換えると、「罰として」の感じはなくなります。spelling については077節も参照してください。

　冒頭に記したように、日本語でドックと言う場合、「造船所のドック」＝「船を建造・修理するために、水を抜いてある作業場」を指すことが多いですが、この意に正確に対応する英語は dry dock です。またこの dock には、❸のように、船に乗客や荷物を積み込んだり下したりする「波止場、桟橋」の意もあります（ ランク5 ）。

　❸の dock が集まった場所が、❹の harbor「港」になります。この例の command は、「（ある場所から何かを）はっきりと見渡せる」を意味します。command については、016節も参照してください。

　50代も後半に入った筆者は、ドックと聞くとまずは「人間ドック」を連想します。とはいえこの人間ドック、完全な JANGLISH で英語のネイティブスピーカーには通じないので要注意です。「人間ドックを受診する」は、米国では通常❺のように表現します。

027 | doctor （動）

「医者」の動詞用法とは?

ランク 4 ★★★★☆

❶ Did someone doctor this evidence?
『誰かが、この証拠を改竄したのだろうか?』

　医者と言えば、患者を助けるいい人のイメージがあります。そのため、動詞 doctor の最も一般的な意味が「(文書や物を) 改竄する、変更する」（**ランク4**）であるのを知った時は、かなり驚きました。しかも、この意味で使われる doctor は、通常「悪意」ある行動を指します（❶・❷）。

❷ He doctored the photo, removing the wrinkles so he would look younger.（彼は、若く見えるよう、自分の写真に顔の皺を取り除く修正を行った。）
❸ He doctored the drink with a drug so his date became confused.（彼は、付き合っている女性の意識を失わせるために、飲み物に睡眠薬を入れた。）
❹ She doctored the chipped plate so it looked intact

again.（彼女は、あたかも欠けたことがなかったかの
ように、その皿の欠けた部分をうまく接着した。）

❺The Lieutenant quickly <u>doctored</u> the soldier's
broken leg by using a rifle as a splint.（少尉はライ
フル銃を添え木に使い、兵士の骨折を<u>応急手当した</u>。）

　❸は、「薬を入れて飲み物を改変した」＝「薬（毒）
を盛る」の使い方です（ ランク❹ ）。ここでの date は、「付
き合っている異性」を指します。デートドラッグとも呼
ばれる薬物の悪用を表現した例文です。

　動詞 doctor は、❹のように「直す・修理する」とい
う良い意味（ ランク❸ ）で使われることもありますが、「悪
意」を示す使い方の方が一般的です。

　❺は「医療行為を行う」という意味の例です
（ ランク❸ ）。この場合、医療行為を行う者は❺のように
医師以外です。医師が治療する場合は treat を用います。

　動詞 doctor の語源は名詞「医者」のそれと同じで、
同形異義語ではありません。英語に関する最大の辞書、
オックスフォード英語辞典で調べてみると、doctor の
語源はラテン語の動詞 docere（導く、教える）です。
12世紀には「学識ある人（教員・指導者）」を表す語と
して使われるようになり、14世紀ごろから学位を持つ
人が多い医者を意味する語として使われ始めました。医
者を表す名詞 doctor が動詞として使われるようになり、
「人を治療する」⇒「物を修理する」⇒「改変する」と
なっていったことが分かります。とはいえ、なぜ「悪意」
ある行動を表すようになったのかは謎のままです。

028 | drive 名 動

キャンペーンに駆り立てる欲望とは

ランク 4 ★★★★☆

❶ The global polio eradication <u>drive</u> was stuck in the war in Afghanistan.

『国際ポリオ撲滅キャンペーンは、アフガニスタンでの戦争で頓挫してしまった。』

　私には「(車で) ドライブに行く」が真っ先に思い浮かびますが、車離れが言われる若い読者の方々にはコンピューターのハードドライブでしょうか? 名詞 drive には、「**キャンペーン、推進運動**」という意味があります (ランク4)。訳語通り campaign と同義です。

❷ The radio station brings in many celebrities during their <u>fundraising drive</u> to generate interest.
(ラジオ局は、聴衆の注意を引くために、<u>募金運動</u>の期間中、多くの有名人を呼んだ。)

❸ His <u>drive</u> to succeed made him one of the best defense lawyers in the country. (彼は成功を<u>渇望</u>

し、結果、この国最高の被告側弁護士の一人となった。）

❹The rancher used his dogs to help drive the cattle to the north pasture. （牧場主は、犬を使って牛の群れを北の牧草地に追い立てました。）

❺The relentless noise from upstairs drove him crazy. （上の階からの絶え間ない騒音に、彼は怒り心頭に発しました。）

❷は、「募金」に的を絞った推進運動の例です。米国ではよく開催されることもあり、fundraising drive「募金運動」のランクは、drive が単独で使用される場合より高く **ランク5** になります。

❸は、「衝動・欲望・（心理的）原動力」を意味する名詞 drive の例です（**ランク4**）。この drive は、「強い願望」を意味する desire で言い換えることもできますが、drive の方が desire よりさらに強い願望を表します。

❹は「（動物などをある方向に）追い込む、駆り立てる」という意の動詞 drive の例（**ランク4**）、❺は「（人をある状態に）追い込む」という意の動詞用法の例（**ランク5**）です。

drive の語源は、遊牧民であったゲルマン民族が使っていた「動物を前進させるよう押す、突く」を意味する単語であったと考えられています。前記5つの例全てに、語源の名残の「何かをある特定方向に向かわせるため、強く押す」という含意を見出せます。「車を運転する」の drive も、「（力を使って）馬を御する」の意が車時代にも使われるようになったのだと類推できます。

029 | face 動 熟

この音楽に直面したのは、
すべて私のせいです!

ランク5 ★★★★★

❶ Japan must <u>face</u> the possibility of more super typhoons in the near future.
『日本は、近い将来、より多くの超大型台風に襲われる可能性に<u>向き合わなく</u>てはならない。』

「顔」です。もっとも昨今は、Facebook を真っ先に思い浮かべる人もおられるかもしれません。動詞 face には、「(困難・厳しい現実を) 正視する、向き合う」の意もあります (ランク5)。「困難に顔を向ける」から発展した言い方です。

❷ Keiko finally <u>faced up to</u> her boss about her terrible sales last month. (慶子はようやく上司と<u>向き合い</u>、先月の自らのひどい販売成績を報告した。)

❸ Let's <u>face it</u>: we don't belong together. (<u>素直になろうよ</u>。お互い心は既に離れているんだ。)

❹ I just <u>can't face</u> going to work today. I'm calling in

sick.（今日仕事に行くなんて考えることもできない。
病欠の電話をするよ。）

❺The project failed because of me and I'm ready to
face the music.（プロジェクトが失敗したのは私の
責任だ。私はその責めを負う覚悟がある。）

❻The new campaign ad is so in your face. Everyone
is talking about it.（新しい選挙広告はあまりに挑発
的だ。誰もが話題にしている。）

　❷の face up to も「（困難と）向き合う」の意でよく
使われます。この熟語を使ったことで、慶子が上司を恐
れていることが伝わってきます。❸は、「現実を見ようよ」
を表す決まり文句です（ ランク5 ）。否定形 can't face
もよく使われます。❹を I just can't go ～ とすると、病
気や怪我で「行くことが不可能」という事実だけを表し
ます。 can't face going ～は、「行くことを考えること
すらできない」の意となります（ ランク5 ）。

　❶・❷の使い方は知っていたという読者でも、❺には
戸惑われる方が多いと思います。熟語 face the music
は「（自らの失敗の結果・報いを）甘んじて受け入れる、
責任を取る」を意味します（ ランク3 ）。049節❸の own
it とほぼ同義です。耳に心地よいはずの「音楽に直面す
る」がなぜこのような意となったのかについては、軍隊
で戦場の砲撃音を music と言ったのに由来する等の諸
説があり、まだ定説はありません（＊注7）。

　❻の熟語 in your face は、「（無視できないほどに）
挑発的な」意味する形容詞として使われます（ ランク5 ）。

030 | fare 動 名

運賃を使って、入試はうまくいったぞ!

ランク 4 ★★★★☆

❶How did you <u>fare</u> on the entrance exam?
『入試の<u>出来はどうでしたか</u>？』

　海外旅行の際、航空運賃の airfare を耳にした方は多いと思います。名詞 fare は「運賃」を表します（**ランク5**）。その動詞用法は、「(人がある状態で) やっていく、(人や物事がある状態に) なる」を意味します（**ランク4**）。❶は、「あなたは、入試をどんな状態で過ごしましたか？」と訊いていることになります。

❷The environment has <u>not fared well</u> under the current administration.（現政権下で、自然環境は<u>悪化しつつある</u>。)
❸At the end of Ken's homestay, the Phillips family threw a <u>farewell party</u> for him.（ケンのホームステイが終わる時、フィリップス家は<u>送別会</u>を開いてくれた。)

❹The dinner included all the traditional Thanksgiving fare: turkey, mashed potatoes and pumpkin pie. （夕食には、七面鳥・マッシュポテト・カボチャのパイといった伝統的な感謝祭の料理が全て供された。）

❺*Joker*, while based on a comic, is not your typical family fare. （原作はマンガですが、映画ジョーカーは家族向けの作品ではありません。）

「やっていく」の意の fare は、❷のような否定文や肯定文（いわゆる平叙文）では、well や badly など「ある状態」を明示する語を伴います。

fare の語源は、「旅」を意味した古ゲルマン語だと考えられています。入試など物事の進行を一つの旅路と考えれば、「（人がある状態で）やっていく、（ある状態に）なる」と「運賃」の意味が、語源を通じて結びつきます。

語源を確認すると、「別れ」の farewell は、旅立つ人に元気（well）ですごしてね、と言ったことから生じたことも分かります。❸の「送別会」farewell party （ ランク❸ ）は、going-away party と言うことも増えてきました。 farewell を使った方が、正式な会である感じが強くなります。throw に関しては089節を参照してください。

名詞 fare には、❹の「食事」の意味もあります（ ランク❸ ）。通常、お祭りなどの特別な日に供される食事や、レストランでの正式なディナーの料理を指します。

❺の fare は「娯楽放送作品、演目」を表します。少し古風に響く言い方で、 ランク❷ となります（＊注8）。

031 | farm 熟 名

二軍チームが外部に委託するお仕事

ランク3 ★★★☆☆

❶As a busy concert pianist, he farmed out most of his teaching jobs at the music school to others.

『彼は売れっ子ピアニストであったため、音楽学校で教える仕事のほとんどを他人に依頼していた。』

「農場」です。野球好きの読者なら、まず「二軍」を思い起こされるかもしれません。熟語 farm out は、「(自分の仕事を人に) 委託する、請け負わせる」を意味します (ランク3)。

farm の語源は、「税や地代として支払う年々の一定額」を表すラテン語 firma とする考えが有力です。封建時代、領主の財源は農地への課税が主なものでした。「一定額の税を毎年支払う土地単位」が「農地」の farm になり、「一定額の地代と引き換えに土地耕作を〈委ねる〉」が「委託する」の farm out になった、と考えられます。

❷The apparel company farmed out many jobs to

temporary employees to save money.（そのアパレル〈衣料品〉会社は、費用削減のため多くの工程を非正規労働に切り替えた。）

❸The *Salt Lake Bees* is a <u>farm team</u> for the *Los Angeles Angels*.（ソルトレーク・ビーズは、LA エンジェルス傘下のマイナーリーグチームです。）

❹The American Hockey League is comprised of 30 <u>farm teams</u> for the NHL.（アメリカン・ホッケーリーグは、NHL の<u>二軍</u>30チームで構成されています。）

　❷のように会社が主語の場合の farm out は、ビジネスの世界でよく使われるアウトソーシングの outsource で言い換えることができます。farm out はくだけた口語表現なので、企業が正式に業務の外部委託を発表する場合などには outsource が使われます。

　❸は、メジャーリーグ・チームのために選手を育成する「マイナーリーグ・チーム、二軍」の意味の例です（ ランク5 ）。「農地」と「選手養成」の意味のつながりは容易に理解できます。

　ファームというとプロ野球を連想してしまいがちですが、最上位のメジャーリーグと、そこに選手を送り込むことを目的とする養成リーグがあるスポーツであれば、野球以外でも普通に使います。❹の米国プロアイスホッケーでは、National Hockey League（NHL）がメジャーリーグに当たります。また比喩的に、企業幹部を養成するビジネススクールを farm club と表現することもあります。

032 | fast 動 形 熟

朝食は、何を「やめる」から
朝食になるのか?

ランク5 ★★★★★

---

❶I am fasting on Wednesdays to improve my health.

『健康増進のため、毎水曜日に断食している。』

　まずは「速い」の意を想起される読者が多いと思います（ランク5）。動詞 fast には、**「断食する」**という意味もあります（ランク5）。「速い」の fast とは語源が異なる同形異義語です。ちなみに朝食 breakfast は、「断食」を「break（やめる）」に由来しています。

❷During Ramadan, Muslims should fast from dawn to sunset.（ラマダン期間中、イスラム教徒は夜明けから日没まで断食します。）

❸I tried intermittent fasting to lose some weight before swimsuit season.（水着シーズンが来る前に少し体重を減らそうと、断続的断食法を試してみた。）

❹The airline is fast becoming the most popular for

business travelers.（その航空会社は、<u>あっという間</u><u>に</u>ビジネス客の間で一番人気と<u>なった</u>。）

❺I worry that the politicians are trying to <u>pull a fast</u><u>one</u> on us with the new tax laws.（政治家が、新税法で我々を<u>だまそう</u>としているのでは、と心配だ。）

❻ He was <u>fast asleep</u> by the time I got home.（私が家に帰り着いたときには、彼は<u>ぐっすりと寝ていた</u>。）

❼Please <u>fasten</u> your seatbelt.（シートベルトをしっかり<u>お締め</u>ください。）

「断食する」の fast は、❷の宗教上の理由によるもの、❶・❸の健康のためのもの、双方に使います。

❹・❺は、「速い」の fast の例です。❹の fast becoming は、「急速に〜になる」と言う際の決まり文句です（ ランク❹ ）。❺の pull a fast one は、「素早く（fast）よからぬことを実行（pull）する」が転じた、「（人を）だます」という意の熟語です（ ランク❸ ）。例文の「新税法」導入のように、特定の行動・変化に乗じて「だまし」が行われる場合を表します。

❻・❼は、「しっかりした、ぐらつかない」という意の例です。最近、この意の形容詞 fast はあまり使われなくなりました（ ランク❷ ）が、fast asleep（ ランク❹ ）などの熟語として残っています。一方、「しっかり留める」を表す動詞形 fasten は、 ランク❺ で健在です。意外にも「速い」の意は、この用法から派生したものです。「しっかりと結びつけられたものが、次々と現れる」⇒「素早く現れる」⇒「速い」という変遷です。

033 | field 動 名 熟

クレームや質問を
てきぱきとさばいていく

ランク**4** ★★★★☆

---

❶The PTA head <u>fielded</u> questions from the parents at the meeting.
『PTA 会長は、会場での保護者からの様々な質問を<u>巧みにさばいた</u>。』

「競技場」です。スポーツ好きの読者なら、走り幅跳びなどのフィールド競技を思い起こされるかもしれません。動詞 field には「**(難しい質問・数多くの電話・苦情を)巧みにさばく、処理する**」の意もあります（ ランク**4** ）。野球中継で、難しい打球を野手がうまく処理してアウトを取った時に使われる「ナイスフィールディング！」の対象が、電話や苦情に変化した使い方です。

❷Alice's job is to <u>field customer complaints.</u>（アリスは、会社の<u>カスタマーセンターで働いている</u>。）
❸The new party managed to <u>field</u> candidates in all voting districts.（新党は、何とか全ての選挙区で候

補者を擁立した。）

❹There's a large field of candidates in this presidential election.（今回の大統領選には、多数の候補者が名乗りをあげている。）

❺A new oil field was discovered in Ghana.（新たな油田がガーナで見つかった。）

❻The media had a field day after the politician made the offensive comment.（政治家が喧嘩腰の意見を述べたため、報道各社はフル回転となった。）

　この field は、❷の顧客の苦情処理に関してよく使われます。会社のどの部で働いているかを job で表現する点は、クラフト（2017）＊注9を参照してください。

　動詞 field には、❸の「（政党が候補者を）擁立する」の意もあります（ ランク4 ）。「選手を競技場に送り出す」から派生した用法です。

　名詞 field は、元は開けた土地を表す語だったと考えられています。そこから放牧地・畑・戦場といった特定の用途の土地を表す用法が生じ、さらに特定の分野・集団も表すようにもなりました。❹は「ある競争に参加する～集団」を表す a field of の例です（ ランク4 ）。❺の「油田」（ ランク2 ）は、特定用途の土地を表す例です。

　❻の have a field day は、**「大いに楽しむ、思う存分活躍する」** を意味します（ ランク4 ）。軍隊が演習の日（field day）に活躍する様子に由来する、と考えられています。❻でメディアに攻撃された政治家のように、しばしば「他者の犠牲を伴って」活躍する場合を指します。

034 | flag 動

旗は垂れ下がることもある

ランク **3** ★★★☆☆

---

❶Shiitake farming here has <u>flagged</u> as prices have dropped.
『市場価格の下落に伴い、当地のシイタケ農業は<u>衰退してしまった</u>。』

　まずは「旗」ではないでしょうか。派生語の flag-ship、艦隊の「旗艦」を思い浮かべる人もいると思います。どちらにせよ、応援団が打ち振る旗のような威勢のよいイメージがあります。しかし動詞 flag は、打ち振られる旗と真逆のイメージとなる**「(萎むように)衰える、弱る」**を意味します（ランク**3**）。この意の動詞 flag は、旗の flag とは語源が異なる同形異義語です。

❷After 3 hours of lectures, the students' attention starts to <u>flag</u> and they begin to daydream.（講義も3時間を過ぎると、学生は<u>疲れて集中できなくなり</u>、別のことを考え始める。）

❸Flagging interest by the business lobby arrests sweeping reforms of the educational system in Japan.（産業界の関心の<u>低下</u>が、日本の教育システムの抜本的改革を遅らせている。）

この意の動詞 flag には、❶のように仕事やスポーツなど真剣に取り組んでいることのペースが落ちる（slow down）、または ❷の集中力、❸の意志等の強度が落ちる（decreased intensity）という含意があります。

  × After playing for 3 hours in a big swimming pool, the boys finally began to flag.

のように、**遊び疲れた場合に使うのは不適切**です。❸の arrest の使い方は、003節を参照してください。

❹In a meeting to review the annual report, the CEO <u>flagged</u> the departments that showed a net loss over the last year.（株主向け年次報告書の検討会合で、CEO〈最高経営責任者〉は、昨年度損失を出した部局を<u>挙げ</u>改善を促した。）

❺After his car broke down, he <u>flagged down</u> a passing motorist for help.（車が故障したので、彼は手を振って通りがかった車を<u>止め</u>、助けを求めた。）

「旗」の flag にも動詞用法があります。❹は「**注意を与える、警告する**」の意、❺は「**（手を振ったり合図を出して人や車を）止める**」の意です。どちらも、「旗信号で合図する」が転じた ランク❸ の意味です。

035 | flush 形 動 名 熟

今にもあふれそうな○○

ランク 5 ★★★★★

❶The candidate's account became <u>flush</u> with cash after the fundraising drive.

『募金活動終了時には、候補者の口座には資金が<u>あふれんばかりの</u>状態となった。』

　まずは、「トイレを流す」やポーカーのロイヤルフラッシュでしょうか。形容詞 flush は、「**豊富な、あふれんばかりの**」を意味します（ランク 5 ）。❶の fundraising drive については、028節❷を参照してください。この意の flush は資金に関してよく使われますが、それ以外についても❷のように問題なく使えます。

❷The startup is <u>flush</u> with young talent.（その新興企業には、若き才能が<u>あふれている</u>。）

❸She turned the screws until the heads were <u>flush</u> with the wood.（彼女は、その頭部が木材の表面と<u>ピッタリ水平に</u>なるまでネジを回しこんだ。）

❹A <u>flush</u> came to his cheeks when he realized his mistake.（自らが間違っていたことに気づくと、彼は<u>赤面</u>してしまった。）

❺Please <u>flush</u> after using.（〈トイレ使用後は〉<u>流してください。</u>）

❻People say yoga can help <u>flush</u> toxins <u>out of</u> your body.（ヨガは、体内の毒素を<u>排出する</u>のに効果的だと言われています。）

❼It's going to take time to <u>flush out</u> the main points of the report.（この報告書の要点を<u>あぶり出す</u>には、時間がかかりそうだ。）

❸は、「(何かとピッタリ)同じ高さの、水平な」を表す形容詞用法です（ ランク❸ ）。❹は「(顔の)赤らみ、紅潮」を表す名詞用法です（ ランク❸ ）。

❺は、公衆トイレで見かける「流してください」の言い方です（ ランク❺ ）。「(液体などで)洗い流す」の動詞用法は、❻のように様々な場面で使えます（ ランク❹ ）。また flush out は、❼のように「(真相、事実などを)明らかにする」を表す熟語としても使います（ ランク❹ ）。

flush の語源に関しては、鳥がパッと飛び立つ状況を、「飛ぶ」fly と「パッと」rush を組み合わせて表現したものだろう、という説が有力です。血が顔にパッと上れば「紅潮」しますし、水がドッとくれば「あふれて」いろいろなものが「流し出され」ます。❸の「水平な」は、川の水が土手（004節の bank）と平行になるまで増水した状況から派生したと考えられています。

036 | foot 動 名 熟

支払いを足掛かりとして……

ランク3 ★★★☆☆

---

❶I ended up footing the bill for all the repairs.
『結局、修理費を全額負担する羽目になった。』

「フットワークが軽い」等でおなじみの「足」です。動詞 foot には、**「支払う、精算する」**という意味もあります（ランク3）。支払い時に、請求書（010節の bill）の末尾（foot）にサインすることからこの意が生じた、と考えられています。

　❶からも分かるように foot は、高額のまたは本人からすると理不尽な支払いを**「渋々済ませる、仕方なく支払う」**場合に使います。同じ意味の表現に073節❶の shell out、似た表現に019節の cough up があります。単に支払う場合は pay（または settle）the bill です。

❷Japanese workers will have to foot a larger share of their medical costs.（日本の勤労層は、医療費のさらなる自己負担をせざるをえなくなるだろう。）

❸The union put its foot down and decided to go on strike. （労働組合は決然とした態度をとり、スト決行を決めた。）

❹His smoke breaks were becoming so frequent that his boss finally had to put her foot down. （彼の喫煙休憩はあまりに頻繁となり、上司はついに止めるようにと厳しく言い渡した。）

❺I'm just trying to get my foot in the door with that company. （なんとかあの会社に伝手を得ようとしているんだ。）

❻The fugitive is about 6 feet tall. （逃亡犯は、身長約6フィートです。）

　❷は、bill を伴わない「支払う」の例です。

　❸は、「足を踏みしめる」が転じて、「**断固とした態度をとる**」を表す熟語です（ ランク❸ ）。❹のように、「**（人に何かを実行するように、または何かをしないように）厳しく言い渡す**」の意となることもあります。

　❺は、その昔、セールスマンがよく行った「閉められないように足をドア口に入れて」売り込む様子が転じて、「**（組織・団体に）伝手を得る、足掛かりをつかむ**」を意味する熟語です（ ランク❺ ）。

　090 節のチップと並ぶ米国旅行時の悩みの種の一つは、その「長さ」や「重さ」の単位です。足の骨の長さに基づく尺度 foot（複数形 feet）は30.48cm にあたるので、❻の逃亡犯は身長180センチ超となります。我々には困ったことに（！）、この意は ランク❺ です。

037 | formula 名

粉ミルクも公式も
「決まったやり方」でとくものだ

ランク**5** ★★★★★

---

❶Hearing the baby cry, the father quickly mixed the formula.

『赤ん坊の泣き声を耳にするやいなや、父親は素早く粉ミルクの準備を始めた。』

　自動車レースのフォーミュラ・ワン（F1）や「数学の公式」を連想する方が多いと思います。名詞 formula には、「粉ミルク」の意もあります（ランク**5**）。日本語では、「公式」やF1レースと意味の接点が感じられないので、私はよく混乱してしまいます。

　formula はよく使われる単語で、これから紹介する様々な意味も、全て ランク**5** です。

❷Euler's formula, $e^{i\pi} = -1$, has been known as the most remarkable formula in mathematics. （オイラーの公式 $e^{i\pi} = -1$ は、最も見事な数学の公式として知られています。）

❸The <u>formula</u> for passing a tax hike is simple: package it with a modest increase in social security.（増税法案を通すための方策は単純である。増税を多少の社会保障費の増額と<u>組み合わせる</u>ことである。）

❹ 'Dr. Mason's Anti-Aging Cream' uses a secret <u>formula</u> based on natural plants.（「メイソン博士の老化防止クリーム」は、天然植物成分を用いた秘密の<u>調合法</u>で製造されている。）

❺Mr. Burger keeps the <u>formula</u> for his special sauce under high security.（バーガー氏は、特別ソースの<u>レシピ</u>を、厳重に保管している。）

❷は「数学の公式」の例です。『ご冗談でしょう、ファインマンさん』などの著書で一般にも知られるノーベル賞物理学者リチャード・ファインマンが、オイラーの公式をこう評価していたことは有名です。

❸は「いつものやり方、方策」という意味、❹と❺は「（薬の）処方箋、（料理の）レシピ」の意の例です。薬や定番料理は「いつものやり方」で作るべき、と考えると分かりやすいです。

オックスフォード英語辞典（OED）によると、元来は「（儀式等での）決まり文句」を表していた formula が、❸の「いつものやり方」の意で使われるようになり、18世紀の終わりになって、数学や科学の「決まったやり方＝公式」を表すようになりました。「粉ミルク」の意味で使われるようになったのは 20 世紀に入ってからで、Web 版 OED に掲載されたのは 2007 年です。

038 | gag 動 名

冗談は言論統制下で言え

ランク5 ★★★★★

❶ The intruder first gagged him and then locked him in the closet.
『侵入者は、まず彼に猿ぐつわをし、それからクローゼットに閉じ込めた。』

「ギャグを飛ばす」、「受けないギャグ」の gag です。動詞 gag には、「（声が外に漏れないように）猿ぐつわをする」という意味があります（ランク5）。実は、こちらが gag の元々の意味です。後に芸人が喉を詰まらせる音を真似たことから、「冗談」の意が生じたと考えられています。

❷ The judge issued a gag order about the case.（裁判官は、その事件について箝口令を敷いた。）
❸ Some newspapers refer to the Mexico City Policy as the global gag rule.（新聞の中には、メキシコシティ政策をグローバル・ギャグ・ルールと呼びならわ

すものもある。）

❹The river was so badly polluted that it made me gag when I smelled it. （その川はひどく汚染されていて、臭いを嗅いだ時は吐き気がしたほどだった。）

❺Speaking in bad British accents became a running gag for the two friends. （ひどい英国式発音で会話することが、二人の間のお約束のギャグとなった。）

❷の gag order は、裁判所が係争中の事件について関係者の発言を禁じる「箝口令（かんこうれい）」です。正式な裁判所用語ですが、政府が職員に「箝口令」を敷く、といった比喩でも用いられます（ ランク❸ ）。

米国の新聞でたまに目にする global gag rule も知っておきましょう。米国政府が、援助資金を提供する海外の民間団体に、家族計画の一環としての妊娠中絶やそれを推進する活動に携わっていないことの証明書提出を求める政策に対する、批判的呼称です。共和党が政権を取ると施行され、民主党が政権を取るとその効力を停止するという、米国政治の最大争点の一つです。014節の pro-life、pro-choice movement も参照してください。

❹は、「吐き気を催させる」という意の動詞用法の例です（ ランク❺ ）。口をふさがれるとむせることから生じた用法です。

❺は、「ギャグ」の意の例です（ ランク❺ ）。英語の gag は、友人同士などが繰り返し行う何か愉快なことを指し、必ずしも洒落た言い回し（冗談、joke）を意味しません。

039 | gang 名 動 熟

悪漢の「集団」!

ランク5 ★★★★★

---

❶The musical *RENT* is about love, death, and HIV among a gang of young bohemians.

『ミュージカル「レント」は、自由奔放に生きる若者たちの愛と死、そしてエイズに関する物語です。』

　ギャングと言えば、黒コートに黒帽子、右手にマシンガンを引っさげた「悪漢」の集団を連想してしまいますが、最近のこの語の使い方からは、「集団」のみを連想した方がいいようです。米国でも、50 代以上の世代は、未だに gang から犯罪のニュアンスを感じることがあるようですが、それより若い世代にとっては、単に「(人の)集団 (a group of people)」(ランク5) を表す単語となっています。集まる人は、❶の若者から悪漢・善人まで何でもありで、ネガティブな含意はありません。

　gang の語源は、現在のオランダ北部で使われていたゲルマン系言語の単語 *gong*「歩く、旅する」とされています。そこから「集団で歩く」という意味が生まれ、

「（人々がともに働くために）集まる」の意が派生し、一時期、特に悪漢の集団を指すようになりましたが、現在は以前と同じ単なる「集団」を表す語に戻った、という変遷です。

　ちなみに、「行く」go の語源も前記 gong です。また「悪漢の集団」に関しては、064節を参照してください。

❷Let's get the <u>gang</u> together for a summer barbe-cue!（みんなを集めて、夏のバーベキューをやろうよ！）

❸The farmers <u>ganged</u> together to quickly repair the local reservoir and dam.（農民たちは、地域の溜め池とダムを急いで修理するために<u>集まった</u>。）

❹The 2 black belts <u>ganged up on</u> the white belt.（黒帯が2人がかりで、白帯1人に襲い掛かった。）

❺The 3 white belts <u>banded together</u> to fight against the black belt.（白帯の3人は<u>団結して</u>黒帯と闘った。）

　❷は「親しい友人たち」を指す例です（ ランク❹ ）。この意の gang には、ポジティブな含意があります。

　❸は「（共に何かをするために）集まる」という動詞用法の例です。名詞「集団」よりは使われる頻度は低く、 ランク❸ となります。

　❹は、「集団で攻撃する」を指す熟語 gang up on の例です（ ランク❺ ）。この熟語は、強者が集団で弱者を襲う「いじめ」の状態を表します。弱者がグループを作って強者に対抗する場合は、通常❺のように、band together を用います。

040 | grill 動

質問でこんがりと焼き上げる

ランク 5 ★★★★★

❶The investigation panel grilled the pilot for the details of the accident.

『事故調査委員会は、事故の詳細に関してパイロットを質問攻めにした。』

　たいていのオーブンレンジに「グリル」機能の表示があります。「網焼き」と記している方が珍しいぐらいです。動詞 grill には、**「質問攻めにする、厳しく尋問する」** という意味があります（ランク**5**）。単に ask many questions と言う場合に比べると、質問の仕方が厳しく、答えている方は徐々に不安になってくるような状況を表します。「人を質問でジリジリと網焼きにする」イメージを思い浮かべれば、分かりやすい意味です。

❷The principal pulled Tom from the classroom to interrogate him about the broken windows. （校長先生は、割られた窓について問いただすために、トム

を教室から引っ張り出した。）

❸ The principal pulled Tom from the classroom to <u>confront</u> him about the broken windows.（校長先生は、割られた窓について<u>問い詰める</u>ために、トムを教室から引っ張り出した。）

❹ When Paul came home late from the party, he knew he was in for a <u>grilling</u>.（ポールはパーティーから夜遅くに帰宅した時、親からが<u>みがみと質問攻めにされる</u>ことは覚悟していた。）

　❷の interrogate は「根掘り葉掘り尋ねる」を意味し、**❶**の grill と同義語です。grill の方がくだけた口語調の言い方で、様々な場面で使われます。

　❶の事故調査委員会と**❷**の校長先生は、事故原因や窓を壊した犯人について、「より詳しい情報を得るために」、誰かを質問攻めにしています。同じく質問攻めにする場合でも、**❸**の confront を使うと、質問者は事故原因や犯人について既に何らかの心証を得ており、相手を非難・告発するために質問している、という意味になります。

　❹は、「厳しい尋問」を意味する名詞 grilling の例です（ ランク４ ）。

❺ Fumiko <u>grilled</u> beef over the charcoal.（文子は、牛肉を炭火で<u>グリルした</u>。）

　❺は「網焼きにする」の例です。バーベキュー大国アメリカでは、当然 ランク５ です。

041 | holdup 名

強盗は渋滞を招く？

ランク5 ★★★★★

❶ The holdups in taking paid leave prompted changes in company policy.
『有給休暇取得に様々な障害があったことが、社内の改革を推進することになった。』

　本節執筆時に holdup をググった（Google 検索：＊注10）ところ、検索上位 10 画像のうち 8 枚が、銃で人を脅す強盗の姿でした。私もこの拳銃強盗の意味しか知らなかったため、❶に似た文に出あった際は、何かの喩えなのかと思ってしまいました。
　残念ながらこれは私の不勉強の現れで、多くの英和辞典は、名詞 holdup の語義として「(進行の) 停滞、遅延、障害」（ランク5）を最初に挙げています。

❷ The cars around Central Park suddenly came to a stop. Fred leaned out his window and shouted "Hey, what's the holdup?"（セントラルパーク周辺

の車の流れは、突然止まってしまった。フレッドは車窓から身を乗り出し、「オイ、渋滞の原因は一体何だい？」と叫んだ。）

英和辞典の中には、holdup の項目で「交通渋滞」という訳語を紹介しているものもありますが、ほとんどのネイティブスピーカーは、holdup という単語を聞いただけで交通渋滞を連想することはありません。holdup が「交通渋滞」の意を表すのは、❷のように前後の文脈から明らかな場合です。ネイティブにとっては、❶の「停滞」と同じ使い方であって、別語義ではありません。

❸ "This is a holdup! Put all the money in the bag!" shouted the masked gunman.（「強盗だ。有り金全部このバッグに入れてよこせ！」と覆面のガンマンは叫んだ。）

❸は「強盗」の意の例です。この意味は、なんと ランク❸ です。holdup = 拳銃強盗という理解が、かなり偏ったものであることが分かります。

強盗を表す単語はいくつかあります。robbery は、力ずくで奪い取る強奪を意味します。犯罪者が素手で暴力を振るう場合も含みます。襲われるのは、人である場合も銀行や店舗等の場所である場合もあります。holdup は、公共の建物内や道路上で、1 対 1 で武器を使って人を脅す状況を表すことが一般的です。その点、「拳銃」強盗のイメージは正しいと言えます。

042 | jazz 動 形 熟

スゥイングしよう!

ランク4 ★★★★☆

---

❶You can jazz the dish up by seasoning it with your favorite herbs.

『この料理は、調理の際にお好みのハーブで味付けを加えていただくと、より美味しくなるかもしれません。』

　ジャズは根強い人気を持つ音楽分野です。動詞 jazz は、通常 up を伴い「(～を) より魅力的にする、面白くする」を意味します (ランク4)。「活気のあるジャズ風に演奏する」から発展した意味だと考えられています。❶の season については、072節を参照してください。

❷Adding a colorful scarf to the outfit really jazzes it up!（鮮やかな色のスカーフを加えていただくと、装いが一層華やかになります。）

❸I was jazzed that I got the summer internship.（そのサマーインターンシップに行けることになって、期待でワクワクした。）

jazz up は100節の zip を使って言い換えることもできます。❷と100節❸を比較してみてください。jazz を❸のように受動態で使うと、「**ワクワクした、（期待で）興奮した**」を表します（ ランク**4** ）。excited とほぼ同義で、形容詞 jazzed として紹介している辞書もあります。

❹I visited the great European cities like Paris and Rome, saw all the famous sites, <u>and all that jazz</u>.（僕はパリやローマといったヨーロッパの有名な都市に行ったし、そこで見るべきところはみんな見たさ。<u>その他諸々も</u>ね。）

❺*The Great Gatsby*, with DiCaprio, gives an idea of life during <u>the Jazz Age</u>.（ディカプリオ主演の映画「華麗なるギャツビー」は、<u>ジャズエイジ</u>の雰囲気を伝えてくれる。）

　熟語 and all that jazz は、「**〜などなど**」を意味する口語表現です。名詞 jazz の、今や廃れてしまった「些末なこと」の意の名残りです。似た意味の and so on に比べると、話し手と聞き手が情報・経験を共有していることを前提に、話し手が細かい説明を省略したい場合に使う傾向があります。親しい友人の間で、「ヨーロッパ旅行で何をするかはわかってるよね」という感じです。いささか古風に響くこともあり、 ランク**2** となります。

　❺の the Jazz Age は、アメリカの1920年代とその華やかな世相を指す表現です（ ランク**2** ）。民間ラジオ局の増大に合わせてジャズが大人気を博しました。

043 | land 動

運よく仕事に着地する

ランク5 ★★★★★

❶Toyota <u>landed</u> a partner for developing self-driving cars.

『トヨタは、自動運転車開発の提携相手を<u>見つけた</u>。』

ディズニー「ランド」などでおなじみ「土地」ですが、動詞 land には「(仕事や契約を) 獲得する、見つける」という意味があります (ランク5)。❷以下で動詞 land のこれ以外の様々な意味 (全て ランク5 !) を紹介していきますが、「何かがある地点から出発して、別の地点、多くの場合最終目的にたどり着く (end up)」という根っこの意味が共通しています。

この end up (結局〜になる) が、微妙なニュアンスを添えます。❶では、「努力と共に多少の運やめぐりあわせもあって、最終的に現在の提携相手に落ち着いた」という含意が出ます。これを obtain (または get) a partner と言い換えると、運やめぐりあわせの部分が大幅に減じます。

❷Her flight should have landed two hours ago. （彼女が乗った便は、2時間前には着陸する予定だった。）

❸The restaurant struggled for years, but the final blow landed when their liquor license was revoked. （そのレストランは、ここ数年何とか経営を続けてきた。しかし酒類販売許可証を取り消されたことが、とどめの一撃となってしまった。）

❹A careless comment at a meeting landed Pat in big trouble with his boss. （ある会議で何気なく発した不注意な発言のために、パットは上司と全くうまくいかなくなってしまった。）

❺Ms. Minton landed on the cover of a famous fashion magazine. （ミズ・ミントンは、有名ファッション誌の表紙を飾った。）

　❷の「着陸する」は、機内アナウンスでよく耳にします。❸は「（パンチや打撃を）見事に食らわす」という意味です。パンチが顔面に「たどり着く」で理解できます。❹は「（望ましくない）状態に陥る」という意です。in hospital（入院）等と組み合わせて使われます。

　❺は「（記事に）載る」の意です。land を使ったことで、ミントンさんがあまり知られていなかったモデルで、この掲載が彼女にとって大ブレイクであった、という含意が出ます。有名モデルがファッション誌の表紙を飾る時に、land は使いません。有名モデルが経済誌（別の分野）の表紙を飾った場合は、land が適切となります。

044 | level 動 形 熟

レベルをそろえて水平に

ランク3 ★★★☆☆

---

❶The most serious charge <u>leveled</u> against the former CEO was that he under-reported his income.
『元最高経営責任者に<u>突きつけられた</u>最も重大な告発は、彼が所得を過少申告していたというものだった。』

「レベルが高い、低い」といった言い方から、「水準、程度」の意味を想起する読者が多いと思います。動詞 level には、「（批判・告発等を人に）向ける」という意味があります（ランク3）。何かの水準をそろえると「水平」な状態になります。そこから「弓矢を水平にする＝弓を構える」の意が生じ、さらに非難や告発といった何か否定的なものを人に向ける意となりました。通常、against や at を伴います。

❷Just <u>level with</u> me once and for all: are you having an affair?（今度こそ<u>本当のことを話して</u>。あなた不倫しているの？）

❸He remains level-headed even in stressful situations. （緊張する状況でも彼は冷静さを失わない。）

❹Jack leveled Tom with one punch. （ジャックはトムを一発で殴り倒した）。

❺By using the more powerful engine in the airplane, they have leveled the playing field with their competitors. （より高出力の航空エンジンを搭載することで、彼らは、競合各社と同等の競争力を獲得した。）

　❷の level with は、「（人に言いにくい）事実を話す」という意味になります（ランク❺）。2人の間で情報量が同じになる、と考えると、覚えやすいと思います。

　❸の level-headed は、頭の中身（気分）の水準が一定つまり、「落ち着いた、分別のある」を意味する形容詞です（ランク❹）。

　❹は、「（人を）殴り倒す」といういささか怖い動詞用法です（ランク❸）。殴り倒されたら、確かに地面の上で平ら（水平）になってしまいます。

　❺は、ビジネス関係の読者にはおなじみの言い方かもしれません。「競技場の地面を均す」が転じて、「（競争条件などを）同じにする、公平にする」の意です（ランク❹）。日本人の感覚では、政府などの第三者が、大企業に対する規制などを用いて、市場参加者の競争条件を同等にする状況を想像しがちです。しかし❺のように、競争している当事者が、自ら工夫して市場で相手と同じ立場を達成する状況を表す方が、より一般的です。

045 | measure 名 動 熟

「測って」慎重に「法案」を選ぶ

ランク **4** ★★★★☆

---

❶Lawmaker Kudo sponsored a <u>measure</u> requiring annual disclosures about stop-and-searches.
『工藤議員は、職務質問の実態を毎年情報開示することを警察に対して求めた<u>法案</u>の提案者です。』

　名詞で「物差し、寸法」、動詞で「（長さ・分量などを）測る」という意味を想起される読者が多いと思います。英語をよく使う人なら、a temporary measure「一時的措置」などの使い方で、**「（解決の）方法、対策」**といった意味を思い浮かべるかもしれません。名詞 measure には**「法案」**という意味もあります（ランク**4**）。確かに法案は、何かを解決するための強力な「方法」です。法案の意に関しては010節も参照してください。

❷The Prime Minister played a few <u>measures</u> of Chopin while talking with the musicians.（音楽家たちと懇談中、首相は、ショパンの<u>数小節</u>をそぞろ弾

いた。）

❸Some immigrants are such successful entrepreneurs that they now <u>measure</u> their wealth <u>in</u> billions of yen. With their newfound wealth they are able to find a <u>measure of</u> acceptance in today's society.（移民の中にはビジネスで大成功し、<u>数十億円規模の財を成す</u>者もいた。こうした移民は、新たに得た富のおかげで、社会からも<u>それなりに受け入れてもらえる</u>ようになっている。）

❹She trashed subordinates who did not <u>measure up</u>.（彼女は、<u>期待に応え</u>られなかった部下は、容赦なくけなした。）

❺He <u>measured his words</u> carefully to avoid implicating the President.（彼は、大統領批判とならないように、<u>言葉を慎重に選んで</u>話した。）

　名詞 measure には「（楽譜の）小節」の意もあります（ ランク❺ ）。❸の最初の動詞 measure は、「（分量などを）測る」の意で、in 以下で計測単位を示します。測る対象が❸の資産や所得の場合は、計測単位に表現の焦点があります。第2文の a measure of〜は、「（欲していた成功や自由等の）それなりの量」を表します。

　❹は、「期待・必要にかなう、応える」という意の熟語 measure up の例です（ ランク❺ ）。「成果を測ったら基準に達していた」と考えれば分かりやすいと思います。同義語に024節の deliver があります。❺は、「慎重に選ぶ」という動詞での使い方です（ ランク❸ ）。

046 | name 動 熟

ここでは名前を呼ばないで！

ランク3 ★★★☆☆

❶He was named by his company.
『彼は、勤務先に訴えられた。』

「名前」です。英語なんて全然わかんない、という人でも、いざとなると My name is ～ と切り出すのではないでしょうか。動詞 name の「名づける」の意も、「名前」から類推することは比較的容易です。動詞 name には、**「(裁判の被告として) 告発する、訴える」** という意もあります（ランク3）。

❷The court named her the sole heir of her grand-mother's fortune. （法廷は、彼女を、祖母の財産の唯一の相続人に定めた。）

❸The victim named the uninsured driver, as well as the car owner who lent the car, as defendants. （その事故の被害者は、無保険の加害者運転手と彼に車を貸した車の所有者の双方を訴えた。）

法律用語として使われる name は、正確には「（法廷で正式に）〜に定める、認定する」を表します。米国の新聞で見るのは、❶の「告発する」の意が多いですが、❷の相続人のように、他の司法手続きでも使われます。「告発する」を表す場合も、正式には❸のように as defendants（被告として）を付けます。

❹Everyone was afraid Daniel would start naming names when he got arrested.（ダニエルが逮捕されると、彼が共犯者の名を漏らすのではと皆が恐れた。）

❺Just name your price. I'll pay anything for it.（言い値はいくらだい。払うよ。）

❻I'll do anything to get that job; pay cut, no bonus — you name it.（その仕事を得るためならなんでもします。賃金の引き下げ、ボーナス無し？　何でも言ってください。）

　name を含むよく使われる言い回しを見ていきましょう。❹の name names は、「悪事・犯罪に加担した人の名を挙げる」を意味します（ ランク4 ）。名前を挙げるのが1人だけの場合でも、複数形の names となります。

　❺は相手の「言い値」を訊く言い方です。❺とは逆に、売り手が買い手の言い値を訊く場合にも使います（ ランク4 ）。

　❻は、「（特定の分野、分類の中の）何でも」を表す言い方です。話し手が思いつくものをいくつか挙げた後に付け、「その他全部」を表します（ ランク4 ）。

047 | nurse 動

相手を大事にする、が転じて……

ランク3 ★★★☆☆

---

❶Ellen nurses a grievance against the high school that expelled her.

『エレンは、彼女を退学処分にした高校に長年不満を抱いてきた。』

　「看護師」さん。50代の筆者は、まだ看護婦さんと言ってしまうことが時々あります。ただ、flight attendant（客室乗務員）と同様、この単語を口にする時、女性だけをイメージすることは少なくなりました。

　動詞 nurse には、「(思いを) 長年心に抱く」という意味があります（ランク3）。抱く思いは、多くの場合「怒り・不満」です。看護師からはかけ離れた意味に感じられますが、看護師からイメージしやすい動詞用法「(赤ん坊に) 乳をやる、～を大事に育てる」（❺）で、養う対象が自らの心の中の思いに転じた、と考えれば理解しやすくなります。とはいえ、027節の doctor 同様、なぜ「怒り・不満」といったネガティブな思いを表す場合

が多くなったのかは不明です。

❷After a long day at work, Jennifer <u>nursed</u> a beer while reminiscing about college with friends. (仕事が大変だった一日を終えて、大学時代を思い返しながら、ジェニファーはビールを<u>ゆっくりと飲んだ</u>。)

❸She has been <u>nursing</u> her mother, who has pancreatic cancer. (彼女は、膵臓がんの母親を<u>看護している</u>。)

❹Mr. Kaneko <u>nursed</u> his late brother's financial assets through the Great Recession after 2007 for his 3 nephews. (2007年からの大不況の間、3人の甥のために、金子氏は、亡き兄の遺産を<u>細心の注意を払って運用した</u>。)

❺The mother <u>nursed</u> her hungry baby. (母親は、おなかをすかせた我が子に<u>授乳した</u>。)

　❷は、「(酒を) チビチビ飲む」という使い方です。英和辞典では、❶とは別の意味として紹介されていますが、ネイティブは、「何か (思いや飲酒) を通常より長く存続させる」という同じ意味として理解しています。

　❸は、親しみのある「看護」の動詞用法です（ ランク5 ）。❹は「(何かを) 細心の注意を払って管理する」という動詞用法です（ ランク3 ）。例文のように、特に困難な状況下で管理する、という含意があります。

　❺は、前記の「授乳する」の例です（ ランク5 ）。最近は、breastfeed と言う人も増えてきました。

048 | nut 名 形 熟

脳みその留め具をイメージして

> ランク 5 ★★★★★

---

❶My French teacher is a total nut.
『私のフランス語の先生は、完全な変人よ。』

　まずは留め具のナットでしょうか。s を付けて発音すると、おつまみのミックスナッツやヘーゼルナッツ入りのチョコを思い浮かべる人の方が多くなると思います。

　名詞 nut には、「奇人、変人」という意味もあります（ランク5）。人の頭を堅い木の実にたとえた表現から発展したスラング（俗語）です。意味は文脈によるところがあり、必ずしも悪い人や嫌な奴を意味しません。❶では、いつも突飛な行動をする先生 =（困った人だけど）面白い先生、を意味する可能性もあります。

❷Some nut on the street asked me for money.（歩いていたら、どこぞの狂犬野郎が金をせびってきた。）
❸She's totally nuts.（彼女はとんでもない変り者だ。）
❹This situation at my company after the CEO

stepped down is completely <u>nuts</u>. (CEO〈最高経営責任者〉が辞めてから、うちの会社は完全に<u>とち狂っている</u>。)

❺Pat <u>is nuts about</u> playing a new online game. (パットは、新しいオンラインゲームに<u>ハマっている</u>。)

❻Jane is nuts about her grandchildren. (ジェーンは、孫たちに<u>夢中になっている</u>。)

❼The problem of gender equality is <u>a hard nut to crack</u>. (男女間の平等はとても<u>難しい問題</u>だ。)

❽He's <u>a hard nut to crack</u>. Nobody knows him. (彼は<u>難物</u>だ。何を考えているのか、誰にも分からない。)

❾This week you are going to learn <u>the nuts and bolts</u> of event planning. (今週は、イベント企画の<u>イロハ</u>を学んでもらいます。)

❷の nut には、「**危なそうな奴**」という訳が適切です。
❸・❹は、❶・❷とほぼ同義の形容詞 nuts の例です（ ランク❺ ）。❹の会社の状況など、人以外にも使えます。
形容詞 nuts は、about を伴い、❺・❻の「**～に夢中である、ハマっている**」の意も表します（ ランク❹ ）。クラフト（2018）＊注11 が紹介している be into よりも、熱狂度が高い「ハマった」状態を表します。
❼・❽の a hard nut to crack は「割るのが困難な木の実」が転じて、「**難題**」を表します（ ランク❹ ）。❽のように人にも使え、中身の見えないとても分かりにくい人を表します。留め具のナットに基づく❾の熟語 は、「**（仕事や作業の）要点、基本**」を表します（ ランク❸ ）。

049 | own 動 熟

責任持ちます！

ランク4 ★★★★☆

---

❶Jason <u>owned up to</u> the offensive tweets he wrote in the past.

『ジェイソンは、以前、人を侮辱するひどいツイートをしていたことを<u>白状した</u>。』

　まず思い浮かべるのはサッカーのオウンゴールでしょうか、それともレストランのオーナー・シェフ？ こうした語を通じて、動詞 own の「所有する」の意は知っているという読者は多いと思います（＊注12）。熟語 own up to は、「(犯した悪事・間違いを) 認める、白状する」を意味します（ランク4）。「ある行為を所有する＝自らの行いであると認める」から発展した熟語です。

❷A high-ranking official at the Ministry <u>owned up to</u> doctoring several documents. (その官庁の高官は、いくつかの公文書を改竄したことを<u>認めた</u>。)

❸I gained a lot of weight over the holidays. But I'm

owning it! So I'm going to the gym a lot now.（休暇の間にかなり太っちゃった。そんなことちゃんと分かってる！ だからジムに行く回数を増やしたのよ。）

❹I made mistakes in the past. I own that. And now I need to move on.（私はかつて間違いを犯した。それは認めて責任も取る。今、私は次のステップに進まなくてはならないんだ。）

❺My boss hopes our team will take ownership of the project from now on.（上司は、これからは私たちチームが責任を持って、自主的にこのプロジェクトを推進することを望んでいる。）

　own up to には、厳しい追及を受けた結果、「全面的に」誤りや悪事を認める、というニュアンスがあります。❷では、高官が司法機関やマスコミからの厳しい追及にさらされ、全てを認めた状況が暗示されています。動詞 doctor については、027節を参照してください。

　何かを所有すると、対応する税を納めるなどの責任も生じます。own it は最近よく使われるようになった口語表現で、❸・❹のように文脈により意味が変わりますが、基本的に「自分の行為の結果だからきちんと認めて責任を取ります」を表します（ ランク5 、029節❺）。

　❺ も、所有に伴う責任に由来する決まり文句です。take ownership of/over で、「所有権（ownership）を持つかのようにふるまう」＝「責任を持って自発的に取り組む」の意となります（ ランク3 ）。

コテンパンに言われる

ランク3 ★★★☆☆

❶Although critics <u>panned</u> *The Punisher*, audiences loved this movie.

『評論家の間での評価は散々だったが、映画「パニッシャー」は多くの観客の支持を得た。』

フライパンの「パン」です。フライパンは英語由来の純粋な日本語で、英語では frying pan と必ず 'ing' が付きます（または skillet と言います）。米国で pan というと、通常、長い持ち手が1本の浅めの「鍋」を指します。具材をソースと一緒に煮込むためのソテーパン（sauté pan）などもあり、pan だけでは、必ずしもフライパンを意味しません。

動詞 pan には、「（劇や本などを）酷評する」という意味があります（ランク3）。オックスフォード英語辞典によると、19世紀末の米国で、on the pan of (a person) という熟語として使われていたのがこの意味の起源です。「鍋の上で料理されてしまう」が「（人に）なん

とでも言われてしまう」という意を表すようになり、後に動詞 pan のみで「コテンパンの評価をする」を表すようになりました。harshly criticize と同義ですが、pan の方がくだけた口語表現となります。

❷In the 1950s, Japanese products were often panned.（1950年代、日本製品は粗悪品として<u>けなされる</u>ことが多かった。）

❸His fundraising efforts <u>panned out</u>, and he was able to launch his business.（彼の資金集めの努力は<u>うまくいき</u>、事業を立ち上げることができた。）

❹How did that <u>pan out</u>?（あの件は、<u>結局どうなった</u>んだい？）

「酷評する」の pan は、❷のように映画や演劇以外を対象としても使うことができます。

❸は、「(計画や努力が) うまくいく」という意味の熟語 pan out の例です（ランク❸）。この熟語は、その昔砂金を探す際に、鍋の中で砂利を注意深く洗って金を選別（out）したことに由来します。砂金探しの努力が、鍋からの砂金という良い結果となった、というわけです。

この pan out を、❹のように疑問文や将来の状況に関する文脈で使うと、成功という特定方向への展開を示す含意がなくなり、「(計画や努力が、良い悪いどちらにせよ) ～という結果になる」という意味になることもあります。米国人にとっては、同じ熟語を文脈に応じて使い分けているだけなので、この意味も ランク❸ です。

051 | pie 名 熟

餅かパイか？

ランク **3** ★★★☆☆

---

❶ The idea of building a permanent base on the moon by 2030 is too pie in the sky.

『2030年までに月に恒久的な基地を建設するというのは、いささか絵空事に過ぎる。』

皆さんが真っ先に思い浮かべるのは、ピザパイ、ミートパイ、それともアップルパイ？ 熟語 pie in the sky は、「お空に浮かんだ美味しそうなパイ」が転じて、「**実現しそうもないこと**」を表します（ランク **3**）。❶のように形容詞として使われるのが一般的です。

米国英語には、パイを美味しいもの、ひいては楽しいことの代名詞として使う表現が多くあります。アジアの「餅」でしょうか。pie in the sky に「絵に描いた餅」という訳を当てているケースもありますが、「絵に描いた餅」では「絵では役に立たない」という否定の響きが強いのに対し、pie の熟語には「想像するのは楽しいんだけど……」とアイデア自体は肯定する響きがあります。

名著として知られる最所（2004）＊注13も、pie in the sky と絵に描いた餅を同義としていません。

❷What a cutie pie!（なんてかわいい子なの！）

❸Once the area became popular with tourists, businesses moved in to get a piece of the retail pie.（その地区が観光客の間で評判になると、いろいろな店が、その購買力目当てに移転してきた。）

❹I put so much time into my job but don't feel like I'm getting a piece of the pie.（仕事に多くの時間を使っているが、正当な報酬を得ているとは思えない。）

❺The pie chart shows that 70% of the visitors are from Asian countries.（円グラフは、入館者の7割がアジアからの観光客であることを示していた。）

❷も、pie が楽しいこと、良いことの代名詞として使われている例です。cutie pie は、子どもや幼児に対する愛情表現としてよく使われます（ ランク5 ）。

名詞 pie には、「（分割の対象になる何かの）総計」という意もあります。通常、❸・❹のように、その一部を指す a piece of the pie「分け前、取り分」の形で使われます（ ランク3 ）。「パイを分ける」や「パイの奪い合い」は、今や日本語として国語辞典にも出ています。❸は「観光客相手の売り上げの一部を得ようと」ですが、分かりやすいように意訳してみました。

❺は、ビジネスでも学校でもおなじみの「円グラフ」の例です（ ランク5 ）。

052 | pin 動

罪も希望もピン留めする

ランク4 ★★★★☆

---

❶The CEO pinned the high employee turnover rate on the long hours.
『CEO（最高経営責任者）は、従業員の相次ぐ離職の原因は、長時間労働にあるとした。』

　日常会話では、「留め金具」と言うよりピンと言う人のほうが多いのではないでしょうか。動詞用法もあり、ほとんどの辞書が、「ピンで留める、身動きできなくする」という意味を最初に紹介しています。動詞 pin には「(責任や罪を) 〜に負わせる、(人の) せいにする」という意味もあります（ランク4）。通常、on 以下で責任等を負わせる対象を示します。ピン留めする対象が、責任や罪になったと考えれば理解は容易です。

❷The CEO attributed the high employee turnover rate to the long hours.（❶と同じ）
❸Some people feel the Puerto Rican golf course

bankruptcy was unfairly <u>pinned</u> on Donald J. Trump.（プエルトリコのゴルフコース破産の件では、ドナルド・トランプ氏が、不当に<u>責め</u>を負わされていると感じている人もいる。）

❹Ford <u>pins</u> hope on their trucks and SUVs.（フォード社は、会社の<u>将来</u>をトラックと SUV に<u>全面的に託</u>した。）

❺The sumo wrestler landed on the front row, <u>pinning</u> 3 spectators at once.（力士は溜席最前列にドッと落ち、観客3人を<u>下敷きにして身動きできなく</u>した。）

❶の pin は、❷のように attribute で言い換えることができます。pin の方が、よりくだけた口語表現です。

❶の意味の場合、全ての事情を明らかにしないなどのやり方のため、「公正でない（unfair）方法で責任を負わせた」という含意が出ることもあります。しかし、このニュアンスが出るか否かは、前後の文脈次第です。単独の文章で「公正でない」と言いたい場合は、❸のように unfair を明示した方が無難です。

❹は、ピン留めする対象が「希望（hope）」や「信頼（faith）」である場合の例です。**「全ての望みを託す」「絶対の信頼を置く」** という意味になります（ ランク❹ ）。❶・❸の「責任」をピン留めする時との違いは、「全面的に」という意味が加わることです。

❺は、本節冒頭で紹介した **「押さえつける、身動きできなくする」** の意の例です（ ランク❺ ）。

053 | pitch 動 熟

ピッチ上で移籍を売り込む

ランク4 ★★★★☆

❶She organized a meeting where local businesses pitched ideas to Nissan.
『彼女は、地元企業がビジネスアイデアを日産自動車に売り込むための会合を設定した。』

「飲酒のピッチが上がった」等の言い方で、「(物事の)程度、間隔」や「音の高さ」を指す pitch は日本語として定着しています。スポーツ好きの方なら、野球のピッチャーやサッカー競技場を思い浮かべるかもしれません。名詞 pitch には「売り込み口上、宣伝」という意味もあり、対応する動詞用法は「(商品を) 売り込む、ビジネスを持ち掛ける」を意味します（ランク4）。

❷The mayor traveled to Taipei to pitch Foxconn on building a plant in her city.（市長は、市に鴻海精密工業の新工場を誘致するため、台北に赴いた。）
❸On Wednesdays when she has to go to the office

by 8:00, her mother <u>pitches in</u> and drives the kids to school. (8時までに出勤しなくてはならない水曜日には、彼女の母親が<u>助け舟を出し</u>、子供たちを学校まで車で送り届けてくれる。)

❹A rally against racial discrimination resulted in another <u>pitched battle</u> with the local police. (人種差別に抗議するための集会は、またまた地元警察との<u>全面対決</u>に転じてしまった。)

❺The crime scene is <u>pitch-dark</u> at night. (犯行現場は、夜は<u>真っ暗な</u>場所だ。)

❷は、「…に選んでもらって〜してもらう」という意のpitch … on〜という熟語の例です（ **ランク❸** ）。「売り込む」のは「選んでもらう」ためですから、「売り込む」関連の熟語として理解できます。

❸のpitch inは「支援する、（お金を）寄付する」という意の熟語です（ **ランク❺** ）。自分を「助けに」投げ入れる、と理解できます。

pitchには、「（杭を打ち込んでテントなどを）据え付ける」という意味もあります。**❹**のpitched battleは、そこから「（野営を伴う）会戦」という意になり、さらに「**全面対決**」を意味する（ **ランク❸** ）ようになりました。**❹**までのpitchは共通の語源から出た同一の語で、「（何かを）勢いよく突き出す」という共通項があります。

一方、「真っ黒な粘性物質」を指す、語源が異なるpitchがあります。「**真っ暗闇の**」の意となるpitch-dark（**❺**）は、テレビドラマでよく耳にします（ **ランク❺** ）。

054 | platform 名

とても重要なもの・場所

ランク5 ★★★★★

❶Prime Minister Shinzo Abe ran on a platform of revising the Constitution.
『安倍晋三首相は、憲法改正を主要政策に掲げて選挙を戦った。』

大多数の読者は、まず駅の「プラットホーム」を想起されると思います。platform には「(政治家・政党の)基本政策、政策綱領」の意もあります（ランク5）。

❷She won the election for mayor on a platform of stopping population decline.（彼女は、人口減少に歯止めをかけることを基本政策に掲げて、市長に当選した。）

❸On her first day in office, she kept one of her campaign promises by sanctioning the construction of a chemical factory.（彼女は、市長就任当日に、選挙公約の1つだった化学工場建設認可を実行した。）

platform は、❶・❷のように、候補者や政党が、その基本政治姿勢を示すために発表する政策リストです。platform が表す「基本姿勢」に基づき、❸のような具体的な「選挙公約」が出てきます。platform の語源は、「平面上での物の並べ方、その計画」を意味した中世フランス語とされています。「基本政策」は、駅のホームより、計画という語源の意を残した用法と言えます。❸の sanction については、069節を参照してください。

❹The train to Omiya departs from track 4 so I'll meet you on the <u>platform</u> around 5 o'clock.（大宮行は4番線発だ。5時頃ホームで待ってるよ。）

❺Amazon Japan serves as an effective <u>platform</u> for small used bookstores.（アマゾンジャパンは、小規模古書店に効果的な<u>プラットフォーム</u>を提供している。）

最近、❹のように、駅のプラットフォームを単に「ホーム」と言うことが増えています。東京駅構内案内図にも、「ホーム」と記載されていました。米国英語のネイティブスピーカーにとって、駅の「**プラットホーム**」は ランク⑤ の用法ですが、「ホーム」は完全な日本語英語でネイティブには通じません。要注意です。

ビジネスの世界で活躍されている読者にとっては、駅よりも、❺の「**プラットフォーム・ビジネス**」でしょうか。動画投稿者や視聴者と広告主とを結び付け取引する場（プラットフォーム）を提供する YouTube など、「場」を提供するビジネスモデルを指します（ ランク⑤ ）。

055 | pocket 名 動 熟

マネーか泥棒か

ランク3 ★★★☆☆

❶Tourists visiting Japan no longer have the <u>deep pockets</u> they once had.
『日本を訪れる観光客の<u>懐</u>は、もはや以前のように<u>豊</u>かではない。』

　ポケットは、元々は財布を入れるために服に付けられたことから、「所持金」、「財力」も表すようになりました（ランク3）。この意の時は、いろいろな語と組み合わせて使われることが多くなります。❶の deep pocket は、「金の入るポケットが深い」で、「**豊かな富・財源**」の意となります（ランク3）。

❷The new tax hit consumers in the <u>pocketbook</u>.（新税は、消費者の懐を直撃した。）
❸I had to pay 500 dollars <u>out of pocket</u> since my insurance coverage isn't very good.（保険の補償額が十分ではないので、500ドルを自腹を切って支払わ

124

なくてはならなかった。）

❹He was fined 500 dollars for his actions, which was <u>pocket change</u> to someone with his income.（彼は500ドルの罰金を科された。彼ほど稼いでいる人にとっては、<u>ほんのはした金</u>だ。）

❺I just <u>pocketed</u> the change from dinner since I didn't think anyone would care.（俺はディナーの釣り銭を<u>貰っておいた</u>だけだぜ。誰も気にしないと思ったから。）

❻The maid was caught on camera <u>pocketing</u> the ring that had been left on the dresser.（メイドは、化粧台の上に置いてあった指輪を<u>盗む</u>ところを、防犯カメラに撮られていた。）

　❷の pocketbook も、「**支払える額**」を表します。pocket 単体でも通じますが、米国では pocketbook を使う方が普通です（**ランク❹**）。**❸**の out of pocket は、「**自己負担する**」を表す熟語です。保険に関する会話でよく使われます。**❹**は to 以降の人にとって「**大したことがない金額**」を表す決まり文句です（**ランク❺**）。

　❺・**❻**の動詞 pocket は、「信用して任されていた金品等を自分のポケットに入れる」で、入れた人の意図に応じて意味合いが変わってきます。**❺**のように悪意がない場合もありますが、多くの場合は、**❻**のように「**盗む**」、「**着服する**」を意味します。また悪意がある場合でも、計画的に着服・横領した状況ではなく、つい出来心での犯行を表します（**ランク❸**）。

056 | produce 動 名

「取り出す」と「製造する」の共通点

ランク5 ★★★★★

❶ The magician produced a rabbit from the hat.
『奇術師は帽子からウサギを<u>取り出して見せた。</u>』

「(企業が製品を）製造する」という意味を思い浮かべる人が多いのではないでしょうか。動詞 produce には、「(物を) 取り出して見せる、提示する」という意味もあります（ランク5）。相手からは見えない場所、例えば❶の帽子の中や❷の服のポケットやカバンの中から、相手に見えるように出す、という動作を表します。

動詞 produce は様々な意味を持つ語で、かつどの意味でもネイティブはよく使います。この節で紹介する意味は、全て ランク5 です。

❷ The security guard challenged Dr. Dow at the gate, who then produced his credentials for access. (警備員は、確認のため入り口でダウ医師を呼び止めた。医師は、入場許可証を<u>取り出して</u>警備員

に提示した。）

❸The factory <u>produces</u> eyeglass frames. （その工場は、メガネのフレームを<u>製造している</u>。）

❹The new training program did not <u>produce</u> the desired results. （新たに導入された訓練方法は、期待された効果を<u>もたらさ</u>なかった。）

❺The farmer's market has fresh organic <u>produce</u>. （直販市場は、新鮮な有機栽培<u>農産物</u>を提供している。）

❻The <u>product</u> of 3 and 4 is 12. （3×4＝12です。）

❸は「製造する」、❹は「（何かを）引き起こす、（特定の効果を）生じる」という動詞用法の例です。また動詞 produce には、「（植物が）実を結ぶ」という意味もあります。❺はその名詞用法「農産物」の例です。この意の名詞 produce は不可算で、常に単数形で使います。

「生産する、実を結ぶ」という意味と❶・❷の「取り出す」の間には、あまり関連がないように思われます。しかしどちらも、「～に導く」を意味するラテン語単語を語源とする同じ語です。「生産する」は、「原料を最終製品の状態に導く」と解釈でき、「取り出す」は、「何かをしまっている場所から他者の前に導く」と解釈できます。❹は、「薬や訓練が人を別の状態に導く」となります。

元々の意味「～に導く」を、「ある数に別の数をかけると、他の数を導く」という❻の掛け算の例に関連付けて記憶しておくと、produce とその名詞形 product の様々な意味を統一して理解することが容易になると思います。

057 | profile 名 形 熟

犯人の横顔と人物像を割り出す

■ ランク 5 ▶ ★★★★★

---

❶ I could only see the thief's <u>profile</u> behind the screen.
『衝立の後ろから目撃できたのは、泥棒の<u>横顔</u>だけだった。』

　プロファイルと聞くと、犯罪現場の状況や手口から犯人像を絞り込む捜査手法、「プロファイリング」を想起する読者が多いのではないでしょうか。年配の方なら、アンソニー・ホプキンス演じるハンニバル・レクター博士が際立った1991年公開の映画、「羊たちの沈黙」を思い出されるかもしれません。最近なら、NHK-BS で放映中の歴史人物分析番組「ザ・プロファイラー」でしょうか。

　名詞 profile には、「（人の）横顔」の意もあります（ ランク 5 ）。ベストセラー『日本人の９割が間違える英語表現100』（＊注14）にも出てくるのですが、私は、えっ知らなかった、でした。

❷<u>Profiling</u> helped the FBI to narrow down the list of kidnapper suspects.（<u>プロファイリング</u>によって、FBI は誘拐犯容疑者を徐々に絞り込んでいった。）

❸Las Vegas has the <u>profile</u> of a city where people have fun.（ラスベガスは、楽しく時を過ごせる都市の<u>イメージ</u>を確立している。）

❹Many <u>high-profile</u> actresses have joined the #MeToo movement.（数多くの<u>有名</u>女優が、〈セクハラ・性暴力を告発する〉#MeToo 運動に加わった。）

❺The politician is <u>keeping a low profile</u> after the scandal broke in the press.（その政治家は、スキャンダル報道以降、<u>目立たないようにしている</u>。）

　profile の語源は、「異なる色の境目」や「模様付けの材料」を表した古イタリア語だと考えられています。「輪郭を付ける」が原意だったわけです。そこから、「人を特徴づける」というプロファイリングに通じる用法や、「顔や頭の形の特徴をとらえた横顔」の意が生じました。

　プロファイリングは、行動記録や心理テストに基づいて人物像評価を行うことで、犯罪捜査手法を指す場合は、正式には offender profiling と言います。もっとも最近は❷のように profiling だけで通じます（ **ランク❺** ）。

　❸は、何かに典型的な特徴を種々備えている「イメージ、像」の使い方です（ **ランク❹** ）。❹は、「注目を集める、目立つ」を意味する形容詞 high-profile の例です（ **ランク❺** ）。❺は、「目立たないようにする」を表す熟語 keep a low profile の例です（ **ランク❹** ）。

058 | quarter 名

その区域は、4分の1とは限らない

ランク**4** ★★★★☆

❶He raised hopes in many quarters that poverty would be reduced.

『彼は、貧困を減らせるかもしれないという希望を、社会の多方面にもたらした。』

「4分の1」です。お勤めの方なら、昨年同期比の売り上げが気になる「四半期」がまず思い浮かぶかもしれません。名詞 quarter には、4つに分けた部分の意味が転じた「(特定の人々が集まって住む)地域」の意味もあります (ランク**4**)。Jewish quarter (ユダヤ人街) などです。そこから、「(情報や意見の出所としての)グループ、団体」を表す用法が生まれました (ランク**3**)。通常複数形で、団体等を名指ししない形で使われます。

❶は、彼が様々な利益集団、例えば労働組合や経営者団体、農村部や都市部の枠を超えて、社会全体に希望を与えた状態を表します。quarters を people に変えると、様々な意見の違いを超えたかは不明になります。

❷Sam tries to save his <u>quarters</u> to do his laundry at the laundromat. （サムは、コインランドリーに行く時のために、25セント硬貨を貯めるようにしている。）

❸MAZDA's <u>headquarters</u> are located in Hiroshima. （マツダの<u>本社</u>は広島にあります。）

❹<u>Headquarters</u> has denied our request for an extension of the contract. （<u>本社</u>は、契約を延長したいという私達の提案を認めなかった。）

❺It's easy for us to <u>Monday-morning quarterback</u> now that the event is over. （イベントが終わった今となっては、<u>結果論を述べ合う</u>のは簡単だ。）

　米国に長期滞在した経験のある方は、洗濯での用途のため、❷の「25セント硬貨」（ ランク5 ）に1ドルの4分の1以上の価値を覚える人が多いと思います。

　❸・❹は、組織の head がいる区域、「本社、本部」の headquarters の例です（ ランク5 ）。末尾の s まで含んで単一の語です。本社の位置を表す場合は❸の複数扱い、権限を表すときは❹の単数扱いが一般的です。

　❺は、アメリカンフットボールの司令塔 quarter-back（ ランク5 ）を使った熟語の例です。元々は、週末に行われた試合について月曜の朝刊に批評を加えるスポーツ記者や評論家を指しました。そこから、「**終わったことに、自分だったらこうした等のくだらない結果論をグダグダ言う**」（動詞）、または「**そうしたことを言う人**」（名詞）の意となります（ ランク3 ）。

059 | racket （名）

怪しげで不誠実なラケットにご用心

ランク4 ★★★★☆

❶That business is a total racket! Their claims can't possibly be true.

『あの商売は完全に<u>インチキだ</u>！あいつらの言っていることが、本当であるはずがない。』

多くの読者が、テニスや卓球の「ラケット」を想起すると思います。名詞 racket には、**「怪しげな商売、不正な商売」**の意もあります（**ランク4**）。スポーツ用具のラケットとは語源の異なる同形異義語です。

「詐欺」「ゆすり」という訳語を当てている辞典もありますが、この意の racket は、犯罪行為だけでなく、より広く不誠実なビジネスモデル全般を指します。例えば、話し相手を装いながら、一人暮らしの老人に、何でもない壺を「御利益があります」として高値で売りつけるのは不誠実な商売（racket）ですが、詐欺「罪」にはなりません。

❷She is investigating a drug smuggling racket.（彼女は、麻薬密輸組織を捜査している。）

❸I could hardly hear my phone ringing through the racket.（周りがうるさくて、電話のベルがほとんど聞こえなかった。）

❹The crowd made quite a racket when the star tennis player appeared.（テニスのスター選手が現れると、集まっていた人たちは大騒ぎとなった。）

❺You probably shouldn't make a racket over a little overtime.（ちょっとした超過勤務について、あまり大騒ぎしない方がいいと思うよ。）

　❷は racket が「犯罪組織」を指す場合の例です（ ランク❹ ）。064節の ring と意味、使い方ともにほぼ同じで、犯罪の内容を示す語が前に付きます。

　名詞 racket には、❸・❹の「騒音、バカ騒ぎ」の意もあります（ ランク❹ ）。racket が指す「騒音」は、大勢の人や多数の動物が立てる音であることが一般的です。機械が立てる騒音（loud noise）は含みません。実は❶の「不正な商売」の racket は、この「大騒ぎ」の意味から後に派生したと考えられています。宮本（2004）の語源辞典を参照してみてください（＊注15）。

　make a racket が、❺のように比喩的に「文句を言う」の意で使われることもあります。訳は「（〜について）ガタガタ言う」になります（ ランク❺ ）。023節❺に関連する make a big deal と同義となります。

060 | rail （動）（名）（熟）

鉄道の乱れに怒り心頭!

ランク4 ★★★★☆

---

❶Parents railed against the increase in school
lunch fees.
『親たちは、給食費の値上げに激しく抗議した。』

ほとんどの読者が、まずは「鉄道」を想起するのでは
ないでしょうか。動詞 rail には、「(きつい調子で) 抗
議する、不満をぶちまける、激しく非難する」という意
味もあります (ランク4)。「線路」の rail とは語源が異
なる同形異義語です。❶の against や at と一緒に使わ
れます。

❷The employees railed at their manager about
their working conditions. （従業員たちは、就業条
件について、上司に不満をぶちまけた。）

❷は at を伴う例です。rail の「不満を言う」は、和
英辞典を引くと真っ先に出てくる complain のそれと比

べると、怒りの感情がこもった、より激しいものです。
また rail の「抗議する」は、protest のそれと比べると、
書面の提出等によらない非公式なものとなります。

❸His career went off the rails after he was arrested
  for drugs.（麻薬で逮捕されて以来、彼の人生は全く
  うまくいかなくなった。）
❹I will go to Fukuoka by rail.（福岡まで鉄道で行き
  ます。）
❺Please hold onto the rail while walking up the
  stairs.（階段を上る際は、手すりをご利用ください。）
❻The baseball fans lined up against the rail to
  watch spring training.（春季練習を観るために、野
  球ファンは柵に鈴なりになった。）

　❸は「鉄道」に関する熟語です。「（正常な状態や期待
されていた進路＝rail から）逸脱する、うまくいかな
くなる」を表します（ ランク4 ）。
　和英辞典で「鉄道で行く」を引くと❹の by rail
（ ランク2 ）が出てくることもありますが、今は、by
train と言うのが一般的です。
　「鉄道」は、「（柱と柱を結ぶ）横木」という rail の原
義から派生した意味の一つです。❺の「手すり」
（ ランク5 ）や❻の「柵」の意（ ランク5 ）も、同じく「横
木」から派生しました。「横木」をより直接感じられる
rail の使い方としては、日本語にもなっている curtain
rail（カーテンレール）があります。

061 | rank 名 形 熟

同列か上下関係か

ランク **3** ★★★☆☆

---

❶The actor is now in the ranks of highly-paid lead-
ing men.
『今や、彼も高給取りの主演男優陣に仲間入りだ。』

　「地位・評価の序列」の意は、ランク3や5など、普
通度の指標として本書でも使用しています。名詞 rank
には、the ranks という使い方で、「(特定の組織・グル
ープに属した) 人々」という意味もあります（ランク**3**）。
組織内の地位ではなく、組織やグループへの所属のみを
示す点に注意が必要です。所属先はいろいろあり得て、

❷After the merger, many employees joined the
ranks of the unemployed.（合併の後、社の従業員
の多くが失業してしまった。）

のように、失業を表す際にも使われます。
　rank は、「兵隊の列」を表した語と「地位」を表した

別の語が英語に入ってから融合してできた、と考えられています。rank にこの2つの原義に基づいた使い方があることを知っておくと、❶・❷ の the ranks は「（同じ）列」の発展形なんだ！ と理解しやすいと思います。

❸The Fukuoka chapter of the Liberal Democratic Party broke ranks with the party's national head-quarters.（自民党福岡県支部は、党本部の決定に従わなかった。）

❹He rose through the ranks to become the regional manager in less than a year.（彼は昇進を重ね、1年も経たないうちに一般社員から地域担当マネージャーとなった。）

❺The majority of rank-and-file employees went along with the new dress code.（一般従業員の多くは、社の新しい服装規定に従った。）

　❸の break ranks は、「列を乱す」が転じて、「（所属組織の決定・方針に）従わない」を意味する熟語です（ ランク❹ ）。政治関連でよく使います。

　❹の rise through（または from）the ranks は、「（組織の一般構成員から指導層に）出世する」を表します（ ランク❹ ）。❺の rank-and-file は、「（組織内での）一般」を表す形容詞です（ ランク❹ ）。❶の the ranks が組織に所属する人全般を指すのに対し、rank-and-file は、組織内でルールを作る側ではなく従う側を指します。❹・❺は、「地位」の語感がある用法と言えます。

062 | register 動 名

レジを通せば正式な意見です

ランク4 ★★★★☆

---

❶The ambassador registered a formal protest with the foreign ministry over the border issues.
『大使は、国境問題に関して、我が国の外務省に<u>正式に抗議を申し入れた</u>。』

お店の「レジ」や有料化が進む「レジ袋」は、cash register に由来します。店員が受け取った支払いやお釣りを出し入れするあの機械です。その機能は金銭の出し入れを「登録する」ことで、手元の国語辞典は「金銭登録機」という耳にする機会のない語で解説しています。

日本語化しているレジから、動詞 register の「**～に登録する、届け出る**」の意をご存知の読者も多いと思います。動詞 register には、「**公式に意見を伝える**」の意もあります（ランク4）。「何らかの正式な手続きを踏んで」意見を伝えることを表します。

❷She registered her dissatisfaction with the vacu-

um cleaner by sending a letter to the company.
（彼女は、購入した掃除機への不満を、会社に手紙を
出して正式に伝えた。）

❸I called my local politician to register my support
for the measure she proposed. （私は地元議員に電
話して、彼女が提案した法案を支持すると伝えた。）

❹His voice clearly registered his surprise. （彼の声
には、驚愕が明白に表れていた。）

❺He lost the election because his message never
really registered with the voters. （彼が落選したの
は、彼の訴えが有権者にキチンと届かなかったためだ。）

❻I sent it to her via registered mail. （私は、彼女に
それを書留で送った。）

　この意の register は、❶の政府間のやり取りだけで
なく、❷のように日常生活でも使えます。伝える対象は
抗議・不満といった否定の意見が一般的ですが、政治の
場面では、❸のように支持という肯定の意見を伝える場
合もありえます。❸でも、register を使うことでわざわ
ざ電話して公式な支持を伝えたことを表しています。法
案 measure に関しては、045節を参照してください。

　❹は「（感情などが）表情に出る」の意の例です
（ ランク❸ ）。「内心の感情が表情に登録された」ことを表
します。❺は「（出来事などが）記憶に残る、印象に残る」
の意の例です（ ランク❸ ）。彼の訴えが「選挙民の心に登
録」されなかった状態を表しています。❻の regis-
tered mail は「書留郵便」のことです（ ランク❸ ）。

063 | resign 熟 動 形

辞めるのは運命なのです

ランク4 ★★★★☆

❶Lost in the forest, Clair <u>resigned herself to</u> sleeping under a tree.

『森で迷い、クレアは<u>諦めて</u>木の下で眠りに<u>ついた。</u>』

　お勤めの方は、「辞めてやる！」と心の中で叫んだことが1、2回はあると思います。動詞 resign は「**辞職する、辞任する**」を意味します（ ランク5 ）。

　熟語 resign oneself to 〜は、「**〜に甘んじる、〜を仕方なく受け入れる**」を意味します（ ランク4 ）。単に諦める（give up）のではなく、悪い状況だが、どうすることもできないので諦めて「その状況で過ごす」状態を表します。辞職は、職・地位を誰かに譲ることです。「自分を〜に譲り渡す」と考えれば分かりやすい熟語です。

❷Bill <u>resigned</u> himself to the fact that he would always be single.（ビルは、これからもずっと独り身なのだろうと<u>観念した。</u>）

❸Joe was <u>resigned</u> to the decision his parents made about his future. （ジョーは、両親が決めた進路に<u>黙って従った</u>。）

❹The employees gradually became <u>resigned to their fate</u>; they would all lose their jobs. （全員が職を失うということを、従業員は皆、徐々に<u>運命として諦めて受け入れた</u>。）

　❷の resign oneself to the fact that もよく使われる言い回しです。❸は、「（望ましくない状況を）観念して静かに受け入れる、黙って従う」を意味する形容詞 resigned の例です（ ランク4 ）。この形容詞を用いた❹の resigned to one's fate「運命と思って甘受する」もよく使われます。

❺I am going to <u>resign from</u> this company next week. （来週で当社を<u>退職いたします</u>。）

❻I am going to <u>quit this job</u> next week. （来週で<u>辞めます</u>。）

　「辞職する」の resign は、今後も長く続きそうであった安定した雇用、または公職を辞する時に使う、あらたまった表現です。アルバイトを辞める時や、心の中の「辞めてやる！」には使いません。アルバイトにも使える一般的な「辞めます」は、quit または leave で表します。なお quit は、❻のように job と組み合わせて使うのが普通です。＊注16も参照してください。

064 | ring 名

悪者たちの輪の中に

ランク4 ★★★★☆

❶The police suspect an elusive Japanese man known as 'Taro' is running a large drug trafficking ring.
『「タロウ」と呼ばれる謎の日本人が、大規模麻薬密売組織を操っているのではないか、と警察はみている。』

　リングと言えば、映画化もされたトールキンのファンタジー小説「指輪物語 (*The Lord of the Rings*)」かな、と思いググると、出てきたのは日本のホラー映画「リング」でした。怖いものがダメな私は、当然観ていません。
　スポーツ好きの読者なら、ボクシングの「リング」を思い浮かべるかもしれません。指輪もボクシングのリングも、「何かで囲まれた」ものです。多くの人が手をつなげば、何かを囲む人の輪を作ることができます。この「人の輪」の意が、共通の利益を追求する悪い人たちのグループを表すようになり、名詞 ring は「犯罪組織」という意味を持つようになりました（ランク4）。

❷She was investigating an underground prostitu-tion ring.（彼女は、闇の売春斡旋組織を捜査していた。）

❸The Chinese authorities succeeded in arresting an American spy ring after a sting operation. （中国当局は、おとり捜査の末、米国のスパイ組織を一網打尽にすることに成功した。）

「犯罪組織」の ring は、❷の prostitution ring のように、通常、犯罪の内容を示す単語と組み合わせて使います。 ❸も、スパイされる側から見たら違法行為であることには変わりありません。この使い方から明らかですが、ring が表す犯罪組織は、一つの違法行為に特化した組織です。また規模の大小は別にして、ある地域限定で活動している、というニュアンスがあります。

犯罪組織を criminal gang と呼ぶ場合は、様々な犯罪に関わっているが、例えば大都市の特定のスラム地区などの、狭い地域限定の小規模組織、という含意が出ます。 gang に関しては039節も参照してください。

criminal organization （または syndicate）が犯罪組織を表す一般的な言い方です。国全体など広範な地域で活動しているかもしれない、という含意が出ます。

米国の刑事ドラマを見ていると、cartel（カルテル）という単語もよく耳にします。本来は、石油など特定の財の供給をコントロールする独占禁止法違反の企業連合を指しますが、刑事ドラマに出てくる cartel は、麻薬の供給をコントロールする大規模犯罪組織のことです。

065 | rock 動 熟

岩をも動かす大音響!

ランク5 ★★★★★

❶The results of the Brexit vote rocked Europe.
『英国国民投票の EU（欧州連合）離脱という結果は、
ヨーロッパ全土を震撼させた。』

「岩」、どっしりとした静のイメージです。ところが語
源の異なる動詞 rock があり、こちらの意味は、「**（人々
や組織を）激しく動揺させる、驚かせる**」という動のイ
メージです。この動の意味は ランク5 で、米国の新聞と
テレビドラマのどちらでも頻繁に出あいます。

❷The offshore earthquake rocked Chiba Prefec-
ture.（沖合で発生した地震が、千葉を大きく揺らした。）

動詞 rock には、「情熱やエネルギーを込めて何かを
動かす、それもしばしば現状とは異なる方向に」、とい
う含意があります。❶では、英国国民の決定が、統合深
化を是としてきた欧州の方向を変えかねない、❷では、

地震が、今まで安定していた土地や建物をも揺さぶる、というニュアンスが出ます。

❸Since her late teens, Ann has enjoyed listening to <u>rock 'n' roll</u> in her free time.（10代後半から、<u>ロックミュージック</u>がアンのお気に入りとなった。）

❹<u>Let's rock!</u>（さあ始めよう！）

❺<u>You rocked!</u>（素晴らしい。感動した！）

❻The manager gently warned Mr. Hayashi not to <u>rock the boat</u> in meetings.（部長は、林氏に、会議であまり<u>波風を立て</u>ないように、とやんわりと伝えた。）

　ロック・ファンには動の rock はおなじみでしょう。❸の rock は、「体を揺らす」という意に由来しています。

　コンサート会場でもないところで❹が聞こえた場合は、「さあロック音楽で盛り上がろうぜ」ではなく、「**（作業や仕事に）取りかかろう**」という掛け声です。また発表や演説の後で、聴衆から❺の掛け声があがる場合があります。これは、その発表や演説が素晴らしく、「**（我々を）勇気づけた、（迷っていたが）決然とした気持ちにさせた**」という賛辞です。この決まり文句にも、なんらかのエネルギーが、何かを今までとは異なる方向に動かす、という動詞 rock の含意がよく出ています。

　❻は、集団内での今までの決まったやり方に質問したりすることで「**波風を立てる、事を荒立てる**」という意の熟語です（ ランク❺ ）。現状維持が破られた結果、悪い方向に変わりそうだという含意があります。

066 | room 熟 名

人脈作りは部屋の中から

ランク 4 ★★★★☆

❶During the fundraising event, the politician
expertly worked the room.

『自らの選挙資金集めのイベントで、その政治家は巧
みに参加者の中を渡り歩き、場を盛り上げていた。』

　ルームメイトなどで日本語としてもおなじみの「部屋」
です。熟語 work the room は、「(イベントなどで) 人
脈づくりをする、(パーティーで参加者の) ほぼ全員と
挨拶を交わす、多くと会話する」を意味します。

　名詞 room には、今や単独ではあまり使われなくな
った「室内にいる人々」(ランク2) という意味があり
ます。また動詞 work には、政治家や芸人を主語として、
「その場の人々を楽しませ、利益や支持を得る」という
意味があります(ランク3)。この2語が組み合わさっ
てできたのが work the room です。意味は文脈による
部分が大きくピッタリした日本語にしづらい熟語ですが、
使用頻度は高く ランク4 です。❶では、「多くの人に挨拶

する」を「場を盛り上げる」と意訳しておきました。

❷At every networking event, I try to <u>work the room</u> and give out as many business cards as possible. （交流会があるたびに、私は<u>多数の参加者と話し</u>、できる限り多くの名刺を配るようにしている。）

❸There is no <u>room</u> for negotiation here; either take it or leave it!（交渉の<u>余地</u>はない。この条件を受け入れるか否かだ。）

❹He's a great athlete now, but he still has <u>room</u> to grow.（彼は今でも偉大な選手だが、まだ成長する<u>可能性</u>を秘めている。）

❺I have to clean <u>my room</u> over the weekend.（この週末は、<u>寝室</u>〈書斎〉を掃除しなくてはなりません。）

❻I have to <u>clean my house/apartment</u> over the weekend.（この週末は、<u>家の掃除</u>をしなくてはなりません。）

❷は「人脈づくり」の例です。❸・❹は、「可能性、（交渉などの）余地」の意の例です（ ランク⑤ ）。成長などの「部屋」がある、と考えれば覚えやすい意味です。

❺は、共著者の Jeff さんが不思議に感じている日本人英語の例です。clean my room は、書斎など、自分だけが使用している１室のみを掃除することになります。浴室・トイレ部分の掃除は入らず、ワンルームマンションでも「家の掃除をする」という意味にはなりません。「家の掃除をする」は、通常❻のように表現します。

067 | root （動）（名）（熟）

祖先のチームを応援しよう!

▶ ランク 5 ★★★★★

❶More Japanese tourists go to baseball games in the US to root for Japanese MLB players.
『日本人大リーグ選手に声援を送るため、米国で野球観戦をする日本人観光客が増えている。』

　「（植物の）根」です。受験生の読者なら、むしろ数学の√記号でしょうか。筆者と同じ50代以上の読者なら、クンタ・キンテという主人公の名と共に、黒人奴隷の年代記を描いた「ルーツ」という米国のテレビドラマを思い出す方も多いと思います。「（自らの）ルーツを探す」という日本語は、このドラマ以降に誕生したのではないでしょうか?

　動詞 root には、「**応援する、声援を送る**」の意があります。競技場で、スポーツ選手やチームに心を込めて声援を送る場合に米国人がよく使う、 ランク 5 の用法です。諸説ありますが、「根」の root とは別語源の同形異義語と考えられています。

❷He rooted for the *Chiba Jets*.（彼は、千葉ジェッツに声援を送った。）

❸Since moving abroad, my cultural roots have become more important to me.（海外で暮らすようになってから、自分の文化的出自をより意識するようになった。）

❹The Hyogo Prefectural Police have been working to root out criminal gang members.（兵庫県警は、犯罪組織構成員を根絶する活動を続けている。）

　❷はチームを応援する例です。ちなみに、❶のように米国メジャーリーグの試合を観戦したことがある読者は、７回の攻守交代時に球場全体の歌の輪に加わった経験もあると思います。"Take Me Out to the Ball Game"「私を野球に連れてって」という歌で、そのコーラス部分に Let me root, root, root for the home team という歌詞があります。root を３回繰り返すことで、さあ地元チーム頑張れ、と応援を盛り上げています。

　「根」の root から出た意味も見てみましょう。❸は、冒頭で取り上げた「ルーツ、出自、祖先」の例です（ ランク5 ）。この意の場合は、必ず複数形で使います。

　❹は、「根を引っこ抜く」が転じた「根絶やしにする、一掃する」の意の例です（ ランク3 ）。destroy や028節の❶で使った eradicate と似ていますが、root out には、「探し出して」滅ぼすという含意があります。例えば居場所が分かっている敵に対して、root out は用いません。gang については039と064節を参照してください。

068 | row 名

横並びになって論争に挑む

■ ランク 4 ▶ ★★★★☆

❶The row over the proposed new airport went all the way to the Supreme Court.

『建設予定の新空港に関する論争は、最高裁にまで持ち込まれた。』

映画館やコンサートホールで、J列5番などの「列」番号を頼りに座席を探したことはありませんか。対応する英語は Row J-5となります。一方理系の読者の方々は、row で数学の行列を想起するかもしれません。行列では、「行」が row で列が column ですから少し混乱します。row は「横並び」を指すと覚えておくと、分かりやすくなります（ランク5、092節❸）。

私自身が row で思い浮かべるのは、英語のクラスで歌わされた "Row, Row, Row Your Boat" です（漕ぐ、ランク5）。日本人が苦手とする r と l の発音練習のためですが、何度歌ってもパスしませんでした。

「横並び」と「漕ぐ」の row は、語源が異なる同形異

義語です。❶の row は3番目の同形異義語で、「(二国政府間など異なる組織・団体間の意見の違いをめぐる) 深刻な論争」を意味します (ランク4)。領土問題などは、territorial row (または dispute) と言い表します。

❷Are you fighting with your boyfriend a lot these days?（最近、彼氏とよく喧嘩になるの？）

❸She released 3 successful albums in a row.（彼女は、3枚続けてヒットアルバムを出した。）

❹He was living on skid row before he was discovered by a modeling agency.（とあるモデル事務所に見出されるまで、彼はスラム住まいだった。）

　❶の row は、英国英語とは意味が異なるので注意が必要です。英国英語の row は、「(よく知った人同士の短時間の) 口げんか、口論」を表します。米国では、そうした「口げんか」は、❷の fight で表現します。

　❸の in a row は、冒頭の「横並び」の row に基づく熟語で、「連続して」の意となります (ランク5)。

　横並びの row は、英国では街の「通り」も表します。米国では、スタインベックの小説でも知られるカリフォルニア州の観光地 Cannery Row にこの意の名残が見られます。❹も米国に残るこの意の例で、薬物中毒者や路上生活者が集まる「街の貧困地区、危険地域」を表します。単に貧困地区を表す ghetto に対し、skid row には社会の落後者の吹き溜まり、という絶望感がこもります。語彙力のある大人の言い方で ランク2 です。

069 | sanction 動 名

認めるか罰するかは紙一重

ランク4 ★★★★☆

---

❶The player appealed to the officials to <u>sanction</u> his use of an oversized racket for the tournament.

『その選手は、大会役員に、試合で規格外の大きさの ラケット使用を<u>認める</u>よう訴えた。』

　ソビエト連邦、すなわち冷戦を知る世代の筆者が sanction と聞いてまず思い起こすのは、「（経済）制裁」 という意味です。若い読者の皆さんも、北朝鮮の核兵器 開発問題やシリア内戦をめぐる報道の中で、この制裁の 意の sanction を目にされたことがあると思います。

　動詞 sanction には、「（何事かを）公式に受け入れる、 正式に許可する」という意味があります（**ランク4**）。 permit と意味は同じですが、sanction や authorize を 使うと、より硬い（formal）言い回しとなります。

　「許可する」は「制裁」とは逆の感じがするため、新 聞記事でこの動詞用法に出あうと意味を取るのに苦労し ます。❶も、『×他の選手の規格外のラケット使用を罰

せよ、とアピールした』と誤訳しかねません。

❷The wiretap has the <u>sanction</u> of the Director. （この盗聴器の取り付けについては、長官の<u>正式の許可</u>を得ている。）

　❷は、「（正式に、法的に）認可する」という名詞用法です。この意味の名詞 sanction は不可算で、常に単数形で使います。❶のように動詞で表現する方がより一般的で、この名詞用法は ランク❸ となります。

❸The US <u>sanctioned</u> Iran for sponsoring terrorism.（米国は、テロを支援しているとして、イランに<u>経済制裁</u>を科した。）

❹The US strengthened <u>sanctions</u> against North Korea for their missile program.（米国は、ミサイル開発を思いとどまらせるため、北朝鮮に対する<u>制裁</u>を強化した。）

　❸・❹は、「制裁を科す」の意の例です。❸が動詞用法、❹が名詞用法で、どちらも ランク❺ です。

　なぜ日本語では正反対に感じられる「正式に認可する」と「罰する」の意を sanction が持つかですが、語源を調べると、saint（神聖な：Saint Valentine のセイントです）に当たるラテン語です。布告や処罰を神の名において「神聖なものとする（誓う）」から、「公式に認める」と「処罰する」の意味が発展してきたことが分かります。

070 | scale 動 名

順を追って登りつめる

ランク5 ★★★★★

---

❶A 75-year-old adventurer scaled the 7,620-meter Himalayan peak.
『75歳の冒険家が、標高 7620 メートルのヒマラヤ山系の登頂に成功した。』

　ガーナで仕事中に大きな秤が必要となり、街中を探し回ったことがあります。ガーナでは秤を scale と呼んでいました。scale と言えば「物差し」や「(地図の) 縮尺」のことだと思っていたので、辞書で確認すると、なんと scale には「秤」を含む同形異義語が3つありました。「秤」の scale の語源は古ノルド語の「天秤の皿」、「物差し」のそれはラテン語の「階段、はしご」です。
　「物差し」の scale には動詞用法もあり、「よじ登る、(比喩的に) 頂点を極める」を意味します (ランク5)。

❷Several monkeys scaled the security fence and ran away. (何匹かの猿は、安全柵を乗り越えて逃げ

154

てしまった。）

❸Naomi quickly <u>scaled</u> the ladder of success,
becoming a manager in record time.（直美は成功
の階段を<u>駆け上り</u>、記録的な速さで部長になった。）

❹Bob always plays <u>scales</u> first when practicing piano.
（ボブは、ピアノの練習をいつも<u>音階練習</u>から始める。）

　❷は登山以外でも使えることを示すための例です。❸
は比喩的な使い方の例です。「登る」の scale を使う場
合は、登っていく山・塀や出世街道に、**いくつかの段階・
障害がある**ことが前提です。低い塀に登る時や大抜擢で
いきなり出世する場合に、scale は使いません。語源が
「はしご」であることが未だに効いているのです。

　「よじ登る」の意を記憶するために、❹の楽器で音階
練習をするイメージを想起するのもよいと思います。
scale（音階、 ランク5 ）を上っていくには、それぞれの
音（音程：step）を弾いていきます。

　語源が異なる第3の scale は、名詞で魚や爬虫類の
「**ウロコ（鱗）**」を意味します（ ランク5 ）。

❺Every child in the fishing village knows how to <u>scale</u>
a fish.（その漁村の子ども達は皆、どうやって魚の<u>ウ</u>
<u>ロコを取る</u>かを知っている。）

　❺は「**ウロコを取る**」という動詞用法の例です。「魚
の大きさを測る」と誤訳しないよう気を付けましょう。

071 | scramble 動 熟

急がば、混ぜよ!

ランク **5** ★★★★★

---

❶I got your email but the text was totally scrambled and I couldn't read it.
『君のメールは受け取ったけど、<u>文字化けしていて全然読めなかったよ。</u>』

　スクランブルと聞いて皆さんが最初に思い浮かべたのは、自衛隊機のスクランブル発進でしょうか、それともスクランブルエッグでしょうか。オックスフォード英語辞典によると、scramble は元来、「両手・両足を使って何とか進む」を意味していました。そこから現在の主要な2つの語意である「急いで進む」と「（急いだがために）混乱する」が生まれました。

　❶は、後者から発展した「（何かを）混ぜ合わせる」の意の例です（ ランク **5** ）。卵料理やスクランブル交差点を最初に思い浮かべた読者には意外感はないかもしれませんが、❶のようにいろいろな場面で使えます。混ぜた結果原型をとどめていない、という含意が出ます。

❷Charlie made scrambled eggs for breakfast. （チャーリーは、朝食にスクランブルエッグを作った。）

　日本語になっているスクランブルエッグですが、英語では scramble**d** です。また、scrambled eggs と複数形で表現することが普通です。混ざった結果、何個の卵を使ったのかはふつう分からないからです。

❸Passengers scrambled to the new gate after it was suddenly changed. （出発ゲートが突然変更された後、乗客は新ゲートに大急ぎで向かった。）

❹Once the market changed, we had to scramble to reinvent our company to survive. （市場環境が変わったら、生き残るために社の変革にすぐに取り組まなくてはならない。）

❺Researchers are scrambling for the Ministry of Defense's new research fund. （研究者たちは、防衛省が新たに設定した研究資金に我先に応募した。）

　❸・❹・❺は、大きな語意「急いで進む」から派生した意味の紹介です。❸は、「（ある場所に）急いで向かう」の例です（ ランク５ ）。❹は、「（何か困難なことを）急いで試みる」の例です（ ランク５ ）。

　❺の scramble for〜は、「（〜を求めて）争う、競争する」の意となります（ ランク３ ）。compete for を使った場合と比べると、早急に資金を必要とするマズい状況にある、というニュアンスが出ます。

072 | season 動 形 名

季節ごとの味付け

ランク**5** ★★★★★

---

❶Would you taste the sauce and tell me if I should <u>season</u> it more?
『ソースの味見をして、もう少し<u>味を濃くす</u>べきか教えてもらえますか？』

　読者の多くは、「季節」を真っ先に想起されると思います。動詞 season には、「**（調味料・薬味で料理の）味付けをする**」の意があります（ ランク**5** ）。「果物や穀物が食べ頃の（熟す）季節になる」から発展した用法です。

❷The chef <u>seasoned</u> the dish perfectly with a variety of herbs.（シェフは、何種類ものハーブを使って、その一皿に完璧な<u>味付けをした</u>。）

❸I <u>salted</u> and <u>peppered</u> the soup because it was bland.（水っぽかったので、私は出されたスープに<u>塩コショウをした</u>。）

❹What's the <u>seasoning</u> in this dish? Paprika perhaps?（この料理の味付けは何だろう？　パプリカ？）

　この意の season の主語は、❷のように「料理をしている人」です。出された皿に自分で塩を振ったりする場合は、❸のように salt（塩）や pepper（コショウ）を動詞として使うのが一般的です。
　名詞 seasoning は「調味料」全般を表します（ ランク4 ）。❹のようにパプリカやタイム等のハーブと塩・コショウが主なものです。

❺With so many seasoned players on the team, the *Warriors* easily beat the inexperienced *Rockets*.
（数多くの経験豊かな選手を揃えたウォリアーズは、経験の浅いロケッツを簡単に打ち破った。）
❻The 3rd season of *Star Trek: Discovery* will only have 7 episodes.（「スタートレック・ディスカバリー」の第3シーズンは、7話しかないそうだ。）

　形容詞 seasoned には、❺の「経験豊富な、年季の入った（= experienced）」の意もあります（ ランク4 ）。
　テレビドラマの「何回シリーズ」の意味もすでにおなじみ、という方も多いかもしれません。2020年9月時点のテレビ朝日のホームページは、人気刑事ドラマ最新作を「相棒 season19」と英語まじり（なぜか数字前の空白無し）で紹介していました。世界最大の英語辞典であるオックスフォード英語辞典がこの意を掲載したのは2007年と比較的最近ですが、今や ランク5 です。

073 | shell 動 名 形 熟

貝殻をこじ開けて大金を払う

ランク4 ★★★★☆

❶I ended up shelling out all the repair costs.
『結局、修理費全額を支払う羽目になった。』

　部屋の内装に凝る人にはシェルランプ、プログラマーにはシェルスクリプト、車を運転する人にとっては、貝殻マークが目印のガソリンスタンド「シェル」でしょうか。このガソリンスタンド、2016年までは、世界的石油メジャーの一角を占める Royal Dutch Shell のグループ企業でした。Royal Dutch Shell の祖業の一つが、明治維新直後の横浜に開設した装飾用の貝殻貿易商だったことは、その筋ではよく知られています。

　これらの言葉を通じて、名詞 shell の「貝殻、（カニなどの）甲羅、（木の実の）殻」の意味をご存知の読者も多いと思います。熟語 shell out は、「（しぶしぶ大金を）支払う、大枚をはたく」を意味します（**ランク4**）。硬いクルミの殻（財布）から実（お金）を取り出すイメージです。036節の foot the bill と同義です。

❷Central Trust Bank was evading taxes by using shell companies. (セントラル・トラスト銀行は、ペーパーカンパニーを使って脱税をしていた。)

❸The paper company shelled out 500 million dollars for early retirement packages. (その製紙会社は、早期退職制度のために５億ドルを拠出した。)

❹The army has been shelling the border towns for a week. (この１週間、陸軍は国境沿いの町に砲弾を浴びせ続けている。)

❺After the sudden death of the manager, the staff all felt shell-shocked. (従業員は皆、経営者の突然の死にひどく動揺してしまった。)

　❷の shell company は日本語の「ペーパーカンパニー」を表します。ランク❷ですが、ビジネス関係の方々は知っておくべき言葉です。英語の paper company は❸のように製紙会社を意味し、「実態のない幽霊会社」の意味は全くありません。＊注17では、ペーパードライバーについて似た例を紹介しています。

　動詞 shell には、❹の「砲撃する」の意もあります（ランク❸）。砲弾（shell）は、金属の「殻」に爆発物を詰めて作ることから生じた意味です。

　❺の shell-shocked は「大きなショックを受けて、愕然として」を表す形容詞です（ランク❸）。砲撃にさらされたことによる「戦争神経症」を意味する言葉ですが、今では❺のように戦争以外のショックにも使います。

074 | shot 名 熟

ナイスショットに挑戦!

ランク5 ★★★★★

---

❶Joe told his boss he would take a <u>shot</u> at working with Mr. Watson, a notoriously demanding client.
『ジョーは上司に、要求が多く大変な客だと評判のワトソンさんの担当を<u>やってみます</u>、と告げた。』

　ナイスショット! ゴルフやテニスの試合中継でよく耳にします。ここでの shot の厳密な意味は、「スポーツで得点しようとする試み」です。名詞 shot には「(困難なことを達成しようとする)試み・挑戦・努力」といった意味もあります(**ランク5**)。ナイスショットの「得点しようとする**試み**」を想起すると、違和感なく受け入れられる語義だと思います。

❷Give it a shot. (試しにやってごらんよ。)
❸Jackie knew if she could pull off her triple axel jump, she would have a <u>shot</u> at the gold medal. (トリプルアクセルを上手く跳べたら金メダルの<u>目が出て</u>

くることを、ジャッキーはよく分かっていた。）

❹Hey big shot, you should tip your server. （そこの大物さん、ウェイターにチップを渡しなよ。）

❺In that country, the retired deputy prime minister calls the shots. （かの国の実権を握っているのは、引退した先の副首相です。）

　❷は挑戦を促す際の決まり文句です。You should try it よりくだけた感じのする表現で、主に親しい間柄の人に対して使います。

　❸の shot は「機会（opportunity）、勝ち目（odds）」を意味します（ ランク5 ）。❶・❷の「試み」の意が「成功の見込みは立たないがとにかくやってみる」であるのに対し、❸の意では「かなり望みがある（reasonable odds）」という感じが出ます。オックスフォード英語辞典は、❸の shot は通常その前に勝ち目を示す数字が入る（例：ten-to-one shot／十中八九の成功率）としていますが、米国では数字を伴わずに使うことが普通です。

　❹の big shot は、50代以上の方々にはビリー・ジョエルの名曲でおなじみかもしれません。会社の重役など地位に基づく「大物」を表す言葉（ ランク4 ）で、通常は否定的な含意はありません（＊注18）。しかし❹のように直接話しかける場合は皮肉がこもった言い方となります。

　❺は「支配する、牛耳る」という意の熟語です（ ランク5 ）。ビリヤードに由来するという説と、軍隊の「発砲（shots）指示」に由来するという説があります。

075 | size 動 名 熟

サイズのあたりを付けておこう

ランク 4 ★★★★☆

❶The catcher took a timeout to <u>size up</u> the rookie pinch hitter.
『代打に立った新人の力量を<u>品定めする</u>ため、捕手はタイムを取った。』

　服や靴に関しては、「大きさ」というより「サイズいくつ」と訊くのが普通なくらい、サイズは日本語に定着しています。熟語 size up は、「**(サッと見ておおよその状況や程度を) 評価する、見定める**」を意味します（ランク4）。「環境アセスメント」等で耳にする assess とほぼ同義になりますが、assess に比べると「サッと」と「おおよその」の部分に強調がある口語表現です。

❷We need to <u>size up</u> the competition before launching the new product.（新製品導入前に、他社製品との競合状態に<u>あたりを付けておく</u>必要がある。）
❸Do you want to try a larger <u>size</u>?（本文参照）

❷は状況を評価する例です。ちなみに共著者の Jeff さん（日本在住）は、服や靴の試着時に店員さんから「サイズアップしますか？」と言われて、「???」と思ったことが何度かあるそうです。「もう一つ上のサイズを試されますか？」は、❸のように言うのが普通です。

❹'So, your husband is leaving you?' 'Yes. That's about the size of it.'（「じゃ、旦那は別れようとしてるってこと？」「そう、そんなとこよ」）

❺Many of the kids were surprised by the size of the recently discovered dinosaur's teeth.（子どもたちの多くが、最近発見された恐竜の歯の化石のあまりの大きさに驚いた。）

❻Last year, we downsized to a small condo.（昨年、小さめのマンションに転居しました。）

❹は、「まあこんなところです」と自分の説明を締めくくる言い方です（ ランク3 ）。例のように、相手のまとめに同意する時にもよく使います。❺は名詞 size が「とても大きい（何か）」（ ランク5 ）を、❻は企業の「人員削減」で使われる downsize が、「小さめの家に引っ越す」としても使えることを示す例です（ ランク5 ）。

size の語源は、「税額の決定」を意味した古フランス語だと考えられています。税額を定めるには、土地や家畜などの大きさを測る必要があります。❶・❷の size up は人や状況の大きさを測ること、❹は話のまとめが決められた通りのよい大きさだ、と解釈できます。

076 | soil 動 形 名

泥まみれ!

ランク**4** ★★★★☆

❶My daughter's pants got <u>soiled</u> from playing at the park.
『公園で遊ばせていたら、娘はズボンを汚しちゃったわ。』

「土」です。動詞 soil は、「(衣服・身体、特にその表面を)汚す」を意味します(ランク**4**)。「土や泥が付いた状態をイメージすれば分かりやすい意味じゃないか」と思われるかもしれませんが、実はこの動詞の soil、「土」の soil とは語源を別にする同形異義語です。**土埃や泥で汚す状況のみを表すわけではありません。**受動態の❶では、公園の砂場遊びでズボンを汚したのか、お菓子や食べ物をこぼして汚したのかは曖昧となります。

❷I nearly <u>soiled</u> myself on the long bus ride. (長距離バスで、もう少しで漏らすところだった。)
❸The hotel was so dirty that even the towel hanging in the bathroom looked <u>soiled</u>. (洗面所に掛け

てある〈替えたての〉タオルでさえ<u>汚れて見える</u>ほど、そのホテルは汚なかった。）

❹The governor's comments about women have <u>soiled</u> his reputation. （女性に関する知事の様々な発言は、その評判に<u>傷をつける</u>ことになった。）

　一方❷の soil oneself は、自らの排泄物で汚す＝「**お漏らし、粗相**」を表します。動詞 soil の語源は、「豚小屋」を表す古いフランス語だと考えられています。豚が体温調整のために自らの排泄物の上を転げまわることを想起すれば、もともと「自らの排泄物で汚す」の意で用いられていた soil が、徐々に「服や体を汚す」こと全般を表すようになったと類推できます。

　❸は、形容詞として使われている soiled の例です。dirty の同義語となります（ **ランク❹** ）。❹は、「**（名声・評判を）汚す**」を表す比喩表現の例です（ **ランク❸** ）。

❺There is still a real danger of terrorist attacks on US <u>soil</u>. （米国<u>本土</u>がテロ攻撃を受ける可能性は、依然として切迫したものだ。）

❻The secretive entrance exam process is fertile <u>soil</u> for corruption. （閉鎖的な入試制度は、汚職の<u>温床</u>となっている。）

　❺・❻は「土」の soil に基づく表現です。「**国土**」の意は政治家が演説でよく使います（ **ランク❹** ）。❻は「**（何かの成長を促す）状況、場所**」の意の例です（ **ランク❸** ）。

077 | spell 動 名 熟

スペルミスで政権崩壊

ランク 4 ★★★★☆

---

❶The scandal may spell doom for the government.
『今回のスキャンダルは、政権の崩壊を招くかもしれない。』

　単語を「綴る」です。動詞 spell には「〜の結果となる、〜を予兆する」という意もあります（ランク 4）。一字一字綴る結果、特定の意味の言葉になることの比喩と考えれば、理解しやすい用法です。注意すべきは、問題（trouble）や以下の❷の災害など、悪い事態が生じかねないという文脈で使われることです。

❷With more rain predicted, it could spell disaster for the disaster-stricken area. （もっと降るという予報は、被災地にとって災害の前触れとなりかねない。）

❸If you still don't get it, I can spell it out for you. （まだ分からないのなら、もう一度順を追って詳細に説明してもいいけど。）

❹How do you spell that?（その単語の綴り方は？）
❺What's the spelling?（その単語の綴りは？）

　❸の熟語 spell out は、「一字一字綴る」が転じて、「順を追って詳細（明快）に説明する」を意味します（ランク❹）。意味に意外性はありませんが、押さえておきたいのは、この熟語が、「まだ分かんないの」といういら立ちも表しうることです。聞き手を挑発する可能性を避けたい時は、I can clarify it for you が無難です。
　共著者 Jeff さんが「???」の和製英語に、綴りの訊き方 What's the spell? があります。本節冒頭を見直してください。spell は「綴る」を意味する動詞です。「綴り」を表す名詞は spelling です。正しい綴りの訊ね方の例は❹・❺です（＊注19）。

❻The wicked witch cast a spell on the princess.（意地悪な魔女は、お姫様に呪いの魔法をかけました。）
❼Everyone was surprised by the cold spell we had in August.（8月に肌寒い期間があったことに、誰もが驚いた。）

　❻は「魔法の呪文」の例です（ランク❺）。通常、「投げる」の cast と組み合わせて使います（＊注20）。
　❼は「（特定の天候が続く）しばらくの間」を表す名詞 spell の例です（ランク❺）。いささか意外なことに、「綴る」、「呪文」、「同じ天候の期間」の spell は、それぞれ語源が異なる3つの同形異義語です。

078 | spirit 動 名

こっそり動かす

ランク3 ★★★☆☆

---

❶The guards spirited the man away after he started yelling during the minister's speech.

『大臣の演説中に聴衆の男が叫び始めると、警備員は、その男を目立たぬよう素早く連れ出した。』

「霊魂、精神」の spirit です。一時期テレビのワイドショーでスピリチュアルカウンセリングなるものを盛んに放映していましたが、今はどうでしょうか？ お酒好きには強い蒸留酒を意味する語かもしれません。

動詞 spirit には、「**目立たぬように人を別の場所に素早く移す**」という意があります（ランク3）。霊魂のしわざであるかのようにいつの間にか移動していた、というイメージから派生した用法です。

❷The manager spirited the singer into the car before the paparazzi noticed her. （マネージャーは、パパラッチが気付く前に、歌手を密かに車に乗せた。）

❸Emma <u>spirited</u> away her gun just before the police entered the building. （エマは、警官が建物に入る直前に、自分の銃を<u>素早く隠した</u>。）

❷は、into を伴い「目立たないように人を連れ込む」の例です。英和辞典の中には、動詞 spirit の項目で「誘拐する」という訳語を紹介しているものもありますが、現在の米国英語では、人を対象とする spirit が、kidnap（身代金目的の誘拐）や abduct（拉致、連れ去り）といった犯罪行為を表すことはありません。

「目立たぬように移動させる」の意の動詞 spirit は、❸のように物を対象とすることもできます。「見られてはいけない物を**急いで隠す**」の意となります（ ランク❸ ）。

❹She's in <u>low spirits</u> after losing her job. （彼女は、仕事を失ってからずっと<u>落ち込んでいる</u>。）
❺I'd do anything to <u>lift her spirits</u>. （彼女を<u>元気づける</u>ためなら何でもするつもりだ。）
❻The <u>hard liquors</u> are listed on the last page of the menu. （<u>スピリッツ</u>は、メニューの最後に載っています。）

名詞 spirit には「気分」の意もあります（ ランク❹ ）。この意の場合は、❹・❺のように複数形で用いられます。「**強いお酒、蒸留酒**」を表す spirit ですが、基本的には英国英語で米国ではあまり用いられません（ ランク❷ ）。米国では、通常❻のように hard liquor と言います。

079 | spoil 動 名

台無しにする何か

ランク4 ★★★★☆

❶The treasure hunters divided the spoils equally.
『宝探しの冒険家たちは、見つけた財宝を山分けにした。』

　親御さん世代は、「ゲームを買い与えてしまったが、子どもをスポイル（甘やかして駄目に）しないか心配だ」と思う場面もあるのではないでしょうか。名詞 spoil には、「賞品・戦利品」という意味があります（ランク4）。この名詞用法は、常に複数形で用いられます。
　「駄目にする」と「賞品、戦利品」の間に関連を見出すのは困難ですが、spoil の語源は、「略奪する」を意味するラテン語とされています。土地や人が略奪を受ければ駄目になり、略奪の結果が戦利品となります。

❷With the jump in sales, even the part-time workers shared a part of the spoils.（店の売り上げが急上昇し、パート従業員も、その成果にあずかった。）
❸Hanako spoiled my day by telling me the ending

of the movie.（花子は、あの映画の結末を私に言うことで、私の一日を台無しにした。）

❹I haven't seen the last episode of the series so no spoilers, please!（私、シリーズの最終回をまだ観てないの。結末言わないでね。お願い！）

❺He is a spoiled brat.（彼は、甘やかされて駄目になったどうしようもない子です。）

❻His grandfather spoiled him with sweets whenever he finished his homework quickly.（彼が宿題を早く終わらせると、祖父はおやつを与えて褒めました。）

　❷は、「戦利品」の spoil をビジネスの文脈で用いた例です。似た表現に051節の a piece of the pie がありますが、spoil を使うと他店との激しい競争の末に勝ち取った売り上げ、という含意が強く出ます。

　❸は「（状況を）台無しにする」の例です（ ランク5 ）。この spoil は、ruin（破壊する）と同義のとても強い言い方です。この映画をとても楽しみにしていたのに、事前に結末を知らされてしまい台無しだ、ひどすぎる！という思いを表しています。ちなみに、花子のように映画やテレビ番組の「ネタバレ」をする迷惑な人を、spoiler（❹）と言います（ ランク5 ）。映画評などでの「ネタバレ注意」は、SPOILER ALERT と表示されます。

　❺は「（子どもを甘やかして）駄目にする」の例です（ ランク5 ）。一方❻のように、「（とても優しく）世話をする、もてなす」を表す形でも使えます（ ランク5 ）。

080 | sport 動 名

運動の前には着替え

ランク 4 ★★★★☆

❶ Sporting our new sunglasses, we took a few Instagram selfies.
『ふたりで新しいサングラスをかっこよく身に付け、インスタにアップするために何枚か自撮りした。』

スポーツクラブ、ウィンタースポーツなど、「運動」の意のスポーツは日本語として定着しています（ランク5）。動詞 sport には、「(見せびらかすために、何かを)着る、身に付ける」という意もあります（ランク4）。
sport の語源は、「気晴らしをする」を表した昔のフランス語だと考えられています。言われてみれば、運動するのも着飾るのも、気分転換には違いありません。「気晴らし」に含まれる「狩猟」等その他の活動については、＊注21を参照してください。

❷ Many of the supporters at the rally sported MAGA T-shirts.（選挙集会に集まった支持者の多くは、これ

見よがしに MAGA のロゴ入りTシャツを着ていた。）

❸Do you play any sports?（何かスポーツはするんですか？）

❹Come on, Sport! Can't handle playing with the big boys? Haha!（ほら僕ちゃん、頑張れ！ 大きい子たちについていけないのか？ はっはっは。）

❺She purchased a brand new SUV.（彼女は、新発売の SUV を購入した。）

　❷の MAGA は、トランプ大統領の標語、Make America Great Again を表すロゴです。動詞 sport は、何か特別なものを自慢するために身に付ける状況を表します。「特別さ」は、値段が高いことや新製品であることによる場合もあれば、❷のTシャツのように、安くても好きなロゴが入っているためである場合もあります。

　日本語の「スポーツ」を表すとき、米国英語では❸のように sports、つまり複数形を使います。英国英語では、Do you play any sport? と単数形を使います。

　男の子のニックネームとして Sport を使うこともあります（ ランク❸ ）。少し古風に響く言い方です。今は❹のように、親戚の子に対して、「まだ小さくてこんなこともできないの？ 頑張れ！」とからかいと励ましを込めて使われることが一般的です。

　トヨタや日産のカタログを見ると、車種の呼称として SUV（スポーツ用多目的車）がそのまま使われています。SUV が Sport Utility Vehicle の略称であることも、読者の皆さんにはおなじみでしょうか？

081 | spring 動 名 熟

春の出張はビジネスクラスで

ランク 4 ★★★★☆

❶Do you think your company will <u>spring for</u> a business class ticket for the trip?
『君の会社は、その出張にビジネスクラスの航空券代を出してくれると思うかい？』

　まず思い浮かぶのは「泉」、それともベッドの「スプリング」、または「春」でしょうか？ 熟語 spring for は、「（代金を）支払う」を意味します（ランク4）。

❷I drive him to work so he often <u>springs for</u> a full tank of gas.（仕事に車で送ってあげているので、彼はよく満タンのガソリン代を支払ってくれる。）

　単に「支払う」を表す pay for でなく spring for を使うと、「予想に反して意外なものに」支払う、というニュアンスが出ます。❶では、相手の会社が支払いに厳しく、通常ならビジネスクラスで出張させてくれない感

じが出ています。またしばしば❷のように、「何かのお返しに」支払う状況も表します。

❸I hate it when my boss springs deadlines on me. （上司が突然仕事の締め切りを設定するのはたまらない。）

❹I'm really sorry for springing this on you but I'm quitting at the end of the month. （突然知らせて申し訳ありませんが、今月末で辞めます。）

❺This book is a springboard for more discussion about climate change. （この本は、気候変動に関する議論のたたき台を提供してくれる。）

❻Many tourists come to Japan to stay at hot spring inns. （多くの観光客が、温泉宿に泊まるために日本を訪れている。）

　❸・❹は、「（仕事や話題を）突然持ち出す」を意味する動詞 spring の例です（ランク❺）。❺は、「（体操の）跳躍板」が転じて「（ある行為の）きっかけ、たたき台」を表す springboard の例です（ランク❸）。❻はおなじみの「温泉」です（ランク❺）。

　spring は、古ゲルマン語の「跳ねる」が英語に入ったと考えられています。ここから、「（液体が）噴出する＝源泉」、「（季節のはじまり）春」、「活発に動く」などの意味が派生しました。「支払う」の spring for は、商品が相手からこちらに「跳ねる（移る）」と解釈できます。「支払う」に関しては、036節の foot も参照してください。

082 | square 形 名 熟

四角すぎると「イケてない」!

■ ランク **5** ★★★★★

---

❶There's going to be an epic party this weekend —
be there or be square!
『今週末、最高のパーティーがある。絶対来いよ！』

まず「正方形」を想起する読者が多いと思います。名
詞 square には、「**(生真面目すぎて) つまらない人、イ
ケてない人**」という意味もあります（■ ランク**5**）。❶は、
パーティーなどの行事に誘う時の決まり文句です。来な
いとつまんない人間になっちゃうぞ、というわけです。
　square は、正方形を特徴づける「直角」や「平行線」
を表す語としてもよく使われます。その特徴を人に当て
はめると、「正々堂々とまっすぐに困難や相手に向き合う」
という好ましい意味が生まれます。しかし「まっすぐす
ぎる」とクールでなくなってしまいます。この用法の起
源に関しては、＊注22も参照してください。

❷He seemed pretty square to me. All he talked

about was the book on moral psychology he was reading!（彼、全然イケてなかったわ。なにせ話すことといったら、読んでいるっていう道徳心理学の本に関することだけなんだもの！）

❸He won the election fair and square.（彼は正々堂々と闘って、選挙に勝った。）

❹A lot of middle class Americans are struggling to put 3 square meals on the table for their kids.（米国中産階級の多くが、子どもに1日3回のきちんとした食事を出すのに苦労している状況です。）

❺The product design team had to go back to square one after receiving negative feedback from marketing.（マーケティング部門からダメだしを受けたため、開発チームは、新製品の企画を振り出しに戻さざるをえなくなった。）

❷は決まり文句以外での使用例です。❸は、「まっすぐな」が良い意味で使われる例です。fair and square で、「（競争や選挙に）公正にふるまって（堂々と勝つ）」という意になります（ランク⑤）。

❹の square meal は、品数と栄養バランスの双方が整った「きちんとした食事」を意味します（ランク⑤）。

タイムズスクエアなど地名や建物の名前に使われている square は、「（建物等で四角く区切られた）広場、（ビルが四角に立ち並んだ）街区」を意味します。❺の go back to square one は、「1丁目1番地に戻る」が転じて「振り出しに戻る」を意味します（ランク⑤）。

伸びるの？　止まるの？

ランク 4 ★★★★☆

---

❶His fear of dogs <u>stems</u> from being bitten at age 5.
『彼が犬を怖がるのは、5歳の時に噛みつかれたことが原因です。』

　名詞 stem は「**(植物の) 茎、幹**」を指し、その動詞用法は「**(枝・葉などが軸から) 生える**」を意味します。その意が転じて、❶のように「**(事件・感情が) 生じる、始まる**」という意味もあります（ランク 4）。

　こんな単語知らない！　と思われる読者が多いかもしれません。しかし stem は日本人にとって結構身近な単語です。今世紀に入ってからの日本を代表する科学業績と言えば、山中伸弥教授が2006年に発見した iPS 細胞ということで、大方の意見は一致すると思います。iPS 細胞のフルスペリング（077節）は、induced pluripotent stem cell（誘発型多能性幹細胞）です。皮膚細胞や肝臓細胞など、様々な種類の細胞に成長できる（＝生み出せる）「幹細胞」stem cell の stem です。

❷The new bank regulation was introduced to <u>stem</u> excessive asset price fluctuations. (資産価格の乱高下を<u>抑制する</u>ため、新たな銀行規制が導入された。)

　stem は、私が英語を読む際に難しい！　と感じ続けている単語の一つです。「生じる」の stem とは別語源に由来する同形異義語の stem があり、こちらは❷のように「**(既に起きていることを) 食い止める、抑える**」を意味します （ **ランク❸** ）。「食い止める」と「生じる」は相反した意味なので、どちらの stem か分からず文意が取れなくなることがあります。

　❷の stem は、003節の arrest と訳語が同じですが、arrest が「止める」に重点を置くのに対し、stem は「止める」と「(スピード・ペースを) 落とさせる」のどちらの意味にもなり得る、という違いがあります。

❸Florists recommend recutting the flower <u>stem</u> every 2 to 3 days. (花屋さんは、2〜3日ごとに切り花の茎を切ることを薦めます)。
❹This program encourages girls to pursue <u>STEM</u> careers. (この教育プログラムは、女子学生の<u>理系分野</u>進出を後押しするものです。)

　❸は、❶の名詞用法「茎」の使用例です （ **ランク❺** ）。
❹は、Science, Technology, Engineering, Mathematics の頭文字を集めた略語です。職業や大学教育で**理系分野**全般を指す場合に使います （ **ランク❺** ）。

084 | stomach 動 名 熟

胃の丈夫さが忍耐に通じる

ランク3 ★★★☆☆

❶Most women at this company can't <u>stomach</u> him
and refuse to work with him.
『当社の女性従業員のほとんどが彼に我慢できなくな
っており、一緒に仕事することを拒否している。』

　海外旅行前に、stomachache（胃痛）等、体調不良
の英語表現を急いで覚えた経験のある読者も多いと思い
ます。stomach には動詞用法もあり、「（何か不愉快な
ことを）耐える、受け入れる」を意味します（ランク3）。
　同じ「耐える」でも、endure や put up with が困難
や苦痛を耐えるのに対し、stomach は気持ち悪い状況
や不愉快な相手に起因する**精神的辛さ**を耐える場合に使
います。通常、❶の can't stomach や hard to stom-
ach 等、「耐えられない！」という否定形で使われます。

❷I don't <u>have the stomach for</u> watching such vio-
lent images on TV. （テレビであんなひどい暴力シー

ンなんか観たくないわ。）

❸Many Republicans found it difficult to stomach Donald Trump from the beginning.（多くの共和党員は、はなからトランプ大統領を<u>自分たちの一員とみなすことに無理を感じていた。</u>）

❹He <u>turns my stomach</u>!（彼、<u>キモい</u>！）

❺He's revolting!

❻He's gross!

❼He makes my skin crawl!

　❷は名詞 stomach で「耐える」の意を表した例です。
　❸は、「（人を）仲間として受け入れる（認める）」の意で動詞 stomach を使った例です（ **ランク❸** ）。この stomach を accept で書き換えても「仲間として受け入れ難い」という事実は変わりませんが、その理由は変わる可能性があります。difficult to stomach は、「（本能的に）受け入れ難い」を意味し、相手の人間性そのものを嫌っている、いわば理屈抜きで受け入れがたい状況を表します。difficult to accept と言った場合は、通常、例えば基本思想の一つが合わなかった等の、何らかの理屈があって「受け入れ難い」場合を指します。
　❹は、「胃ををひっくり返す」が転じて「**不快にさせる**」の意になった熟語の例です（ **ランク❹** ）。和英辞典で「気持ち悪い」を引くとよく出てくる creepy より強い不快感を表し、❺〜❼ のように言い換えることができます。
　❼は水泳のクロールと同じ crawl ですが、ここでは、「鳥肌を立たせる」という使い方です（＊注23）。

085 | stunt 動 名 熟

派手なアクションでも
観客数が伸び悩み……

ランク4 ★★★★☆

❶He really <u>stunted</u> his career when he suddenly left the company.

『会社を突然辞めたことで、彼の経歴（キャリア）は深刻に<u>伸び悩む</u>羽目になった。』

　アクション映画の陰の主役、スタントマンを思い起こす読者が多いのではないでしょうか。突然ですが、筆者の本業は、世界の貧困問題の対処法を探る開発経済学の研究です。今世紀に入ってしばらくの間、インドやエチオピアでの調査に基づく研究発表の場で「スタンティング」という言葉を何度も耳にして、なんだろうと首をひねっていたことがあります。調査地にボリウッド映画のロケ地でもあったのか、と考えたりもしました。

　綴りを確認して調べてみると、筆者が耳にしていたのは stunting「（栄養失調による児童の）発育阻害」でした。動詞 stunt には、「**（生物の）発育を妨げる、止める**」という意味があります。最近は、❶の「経歴の成長を抑

える」のように生物以外でもよく使われます（ ランク④ ）。スタントマンの stunt とは語源の異なる同形異義語です。

❷The dry spell could stunt the rice crops. （この乾燥した天気は、稲の生長を阻害しかねない。）

❸Everyone agreed that the new pizza place's drone delivery system was just a stunt. （新規開店したピザ屋のドローンを使った配達システムの実態は、単なる客引き行為だと皆分かっていた。）

❹Mary stayed out all night last night. I can't believe she pulled a stunt like that. （メアリーは昨日朝帰りしたんだって。彼女がそんな馬鹿をするとは信じられないわ。）

❺Before he became famous, he worked as a stunt double for Tom Cruise. （有名になる前、彼はトム・クルーズのスタントマンをやっていた。）

❷では植物の生長を妨げる例を示しました。dry spell に関しては、077節❼を参照してください。

❸からは、映画のスタントマンに関わる stunt の例です。名詞 stunt には「(人目を引くための)派手な行為、変わった行為」の意もあります（ ランク④ ）。

❹は「馬鹿なまねをする」を表す熟語の例（ ランク③ 、032節❺）、❺は映画のスタントマンの例です。この職の女性も増えてきたことから、最近では stunt man という語は使わなくなりました。stunt person も使いますが、stunt double の方が一般的です（ ランク⑤ ）。

086 | suit 名 熟

お揃いのスーツを着て後ろに並ぶ

ランク 4 ★★★★☆

---

❶ Once she started giving her opinions freely during meetings, everyone else followed suit.

『彼女が会議で自分の意見を率直に述べるようになると、他の社員も皆、<u>同様に発言する</u>ようになった。』

　大学に勤めていると、キャンパス内に突然スーツ姿が増えることで、就職活動シーズン到来を実感します。読者の皆さんも、スーツと聞けば背広またはツーピースの婦人服を思いうかべる方が多いと思います。suit の語源は、「後に続く、従う」を意味するラテン語だと考えられています。英語に入ると「引き続く一連のもの、セットの事物」を指すようになり、15世紀に入って上下同一素材でセットになった服を指すようになったのが、背広のスーツの意の始まりです。

　「引き続く一連のもの」の典型の一つが、♠・♡といったトランプカードの同じ記号の札の組です。この組も suit と言います。❶の follow suit は、元々、トランプ

ゲームで同じ suit のカードを出すことを指しました。
比喩で、「(他人や他の組織の) 例に従う、同様の行動を
する」の意で用いられます（ ランク4▶ ）。

❷His strong suit is his capacity to explain some-
thing in very few words.（彼の強みは、物事をとて
も手短に説明できる能力にある。）

❸There are way too many suits here. Let's get out
of here.（ここには、わけのわからない重役連があま
りに多すぎる。出ようぜ。）

❹It's very difficult for celebrities to win a suit for def-
amation.（セレブが名誉毀損訴訟で勝つことは、非
常に難しい。）

　❷もトランプの suit に基づいた決まり文句です。ゲー
ムで強い札の組が転じて、「(人が) 得意なこと、強み」
の意です（ ランク4▶ ）。strong point と同義です。

　❸は、スーツを着る人の集団が転じて「(企業の) 重役、
幹部連」を表す口語表現です（ ランク3▶ ）。軽蔑や怒りの
対象として使われることが多いので、下手に口にしない
ように気をつけましょう。重役を表す表現には、ブラス
バンドの brass と074節❹の big shot もあります。
brass を使うと、称賛している感じが少し出ます。

　法律を学んだ人は、suit で「訴訟」を思い浮かべる
かも知れません。ラテン語の原義「後に続く」が「追い
求める」の意に転じ、中世に、自身の主張に対する領主
の肯定を追い求める「訴訟」の意ができました（ ランク5▶ ）。

087 | tall 形

「無理難題」「トンデモ話」を
英語で言うと……

ランク4 ★★★★☆

❶Designing an eco-friendly house while reducing construction costs: it's a tall order.
『建築費を削りつつ環境に優しい家を設計しろだって。それは無理難題っていうもんだ。』

「（背、建物が）高い」の tall です。tall には、「（話などが）大げさな、途方もない」という意味もあります。この意の tall は、特定の語と結びついて熟語のように使われるのが一般的です。❶の a tall order は、「とても難しい仕事・要求」を意味します（ランク4）。

❷It's definitely a tall order, but I'm sure my team can do it.（それは確かにとても難しい仕事です。しかし、我々ならできると思います。）

❸Grandma often told us stories about her life but we thought they were mostly tall tales.（祖母は自分の人生についてよく話してくれたが、私たちはその

ほとんどがまゆつば物だと思っていた。)

❹Mr. Trump spun <u>a tall tale</u> of how he helped out after the 9/11 terrorist attacks in New York City. (トランプ氏は、9.11の同時多発テロ攻撃の際、自分がどうやってニューヨークの被害者に救いの手を差し伸べたかという<u>トンデモ話</u>を延々と繰り広げた。)

❺The <u>tall</u> trees were destroyed in the typhoon. (<u>高</u>木は台風で何本も倒れてしまった。)

❻The switch is too <u>high</u> for the child to reach. (そのスイッチは、子どもでは届かない高さについている。)

a tall order の正確な意味は「不可能にも思える大変な仕事」で、必ずしも「無理」を意味しません。❷の「うちならできます！」という場合にも使えます。

❸・❹の tall tale は「**大げさに誇張された話**」を意味します（**ランク4**）。「大ぼら」と訳している英和辞典もありますが、「真っ赤なウソ」というより「一片の真実にかなりの尾ひれをつけて脚色したトンデモ話」を指します。❹は、2001年9.11の同時多発テロの際、自分の関連企業の従業員数百人を被害者救出活動に従事させた、というトランプ大統領お得意の（米国では根拠がかなり不確かとされている）自慢話についての例です。

❺・❻は、tall と high の違いを確認する例です。tall が人や建物・樹木の高さを表すのに対し、high は対象（❻のスイッチ）の位置、または地面から先端までの長い距離（例：high mountains）を表します。「長い距離」なので、人や動物の高さには使えません。

088 | tank 動 形 名

戦車と不況の意外な関係

ランク4 ★★★★☆

---

❶The government is working hard so that the economy doesn't <u>tank</u> due to the coronavirus pandemic.

『新型コロナウイルスの大流行で経済が急速に落ち込まないよう、政府はあらゆる政策を総動員している。』

　私は「戦車」、もう少し平和な読者なら、水や油を貯めるタンクを思い浮かべられると思います。戦車の意が、第一次世界大戦時、英国でこの新兵器開発を表した暗号water tank に由来しているのは有名です（＊注24）。

　ここで取り上げるのは、「**急激に減少する**」という意の動詞用法（ランク4）です。Web 版オックスフォード英語辞典に掲載されたのは2005年という、比較的新しい意味です。まだスラング（俗語）のイメージが残っているので、正式な文書で使うのは控えましょう。この意の tank は、❶のように経済状況や株価に言及する際に最もよく使われます。

❷Ariel <u>tanked</u> the final exam on the Italian Renaissance.（アリエルは、イタリアルネッサンスに関する科目の期末試験で<u>散々な点を取ってしまった。</u>）

❸The movie *Creepy Crawlers 3* <u>tanked</u> at the box office.（映画「クリーピー・クローラーズ３」の興行成績は、<u>全く振るわなかった。</u>）

　また、❷のように試験や発表で「こけて」しまう、❸のように映画や舞台の「興行成績が全然振るわない」という場合にも使われます。

❹Jim was <u>tanked</u> after drinking 10 shots of vodka.（ウオッカを10杯飲んで、ジムは<u>ひどく酔った。</u>）

❺Bob is a <u>tank</u>!（ボブは<u>頑健だ。</u>）

❻Ken was thrown in the <u>tank</u>.（ケンは<u>投獄された。</u>）

　tank は様々な場面で使われる言葉です。❹は、「自分という水槽をアルコールで満たした＝**ひどく酔った**」という形容詞の使い方です（ **ランク❸** ）。

　❺は、人が「戦車」のようにとても強く不屈であることに対する、尊敬や畏怖の念を込めた誉め言葉です（ **ランク❸** ）。普通は肉体的な強さを意味しますが、多くの科目の課題をこなす学生や、複数の仕事をやり抜く人を意味する場合にも使います。

　❻は、「**監房**（cell）・**刑務所**（jail）」を意味する名詞用法の例です（ **ランク❹** ）。これもスラングです。

089 | throw 動 熟

パーティーは投げ出すのではなく開くもの

ランク5 ★★★★★

---

❶ While in Karuizawa for summer vacation, the Phillips family throws parties every weekend.

『軽井沢で避暑中、フィリップス家は毎週末パーティーを開いています。』

「投げる」という意味でおなじみの動詞 throw は、party と組み合わせると、「パーティーを催す、開く」を意味します（ランク5）。「パーティーを投げ出す」と誤訳しないよう気を付けましょう。throw free concerts（無料の演奏会を開催する）等、party 以外で使っているケースを目にすることもありますが、一般的ではありません。パーティーとの組み合わせで覚えておきましょう。

throw a party の throw を、have、hold、host、organize のいずれかで言い換えても意味は変わりません。throw a party が最もくだけた言い方で、have、hold、…の順で、よりあらたまった言い方になります。

❷Peter threw up on the bus. （ピーターは、バスの中で吐いてしまった。）

❸Bill and John had a throw down behind school.（ビルとジョンは、校舎の裏で喧嘩した。）

❹Ken, who always plays forward, was thrown for a loop when his coach asked him to cover the goal instead. （ケンはいつもフォワードだったので、コーチから守備に回ってくれと告げられた時、とても驚いた。）

❺The Japan Sumo Association accused several sumo wrestlers of throwing matches. （日本相撲協会は、力士数名を八百長を行ったとして指弾した。）

　throw には、いろいろな使い方があります。❷は「吐く、もどす」という意の熟語です（ ランク5 ）。vomit と同じ意味ですが、日常会話では throw up を使います。

　❸は「喧嘩、乱闘」という言い方です（ ランク3 ）。今時の若者・子ども言葉です。

　❹の be thrown for a loop は、「とても驚く、困惑する」という意の熟語です（ ランク4 ）。直訳すると「輪に投げ入れられる」ですから、分かりやすい意味ではあります。be surprised「驚く」と言う場合と比べると、状況や事情が変わったので、今までの計画や思い描いていたイメージに何らかの変更を加える必要がある、というニュアンスが加わります。

　❺の throw は、match や game との組み合わせで「八百長試合をする、わざと負ける」の意です（ ランク5 ）。

090 | tip 名 動

「警察に渡すチップ」を
深読みすると……

ランク5 ★★★★★

---

❶The police relied on tips from the public to find
the fugitive.
『警察は、逃亡犯捜索にあたり、市民から寄せられる
通報を頼りにしていた。』

海外旅行の際、「必要なのか？」「いくらにすべきか？」
と悩まされる「チップ」です。名詞 tip には、「(犯罪や
不法行為について、特に警察への) 通報、たれ込み」の
意もあります (ランク5)。

❷The shooter was arrested after a witness tipped
the police off. (目撃者が警察に通報したことで、銃
撃犯は逮捕された。)

❸He got a lot of tips about cooking by watching
videos on YouTube. (彼は、料理に関する数多くの
ヒントを、YouTube 上のいろいろな動画から得た。)

❷は、動詞 tip が「通報する」を意味する例です（ ランク5 ）。通常 off を伴い、熟語のように使われます。

❸は、「（ちょっとした）助言、ヒント」の意味の例です（ ランク5 ）。私は、「助言」と聞くと真っ先に advice を想起しますが、advice は、例えば面接前など「特定の状況に置かれた場合の、あなたの性格等も考慮した上での、あなただけに向けて行われる助言」です。一方tip は、ほとんどの人に様々な状況で役立つような、ずっと一般的なヒント、情報です。

「通報」、「助言」、「心づけ」は、同じ語源から分かれた単一の語です。「助言」がもともとの意で、知らせてくれたお礼にお金を渡したのが「心づけ」の意の始まりと考えられています。＊注25では、異説をいくつか紹介しています。

❹The baby tipped over the glass and all the water spilled.（赤ちゃんはコップをひっくり返し、中の水は全てこぼれ出てしまった。）

❺The CEO was arrested and that could be just the tip of the iceberg.（最高経営責任者が逮捕されたが、もしかしたら氷山の一角に過ぎないかもしれない。）

語源が異なる同形異義語の tip を2つ見てみましょう。❹は、「（物を）傾ける、ひっくり返す」という意の動詞 tip の例です（ ランク4 ）。❺は、「先端、頂点」の意の例です（ ランク5 ）。the tip of the iceberg は、比喩的に「大問題の兆し」の意でよく使われます。

091 | trade 名 熟

あらゆる業界で取引が行われている

ランク 4 ★★★★☆

---

❶The 7 startups formed a trade group to lobby for
their interests in Washington, D.C.
『新興7社は、ワシントンでロビー活動を展開するた
めに、自分たちの業界団体を結成した。』

　トランプ大統領は、米国の主要貿易相手国に貿易不均
衡の是正を強硬に求め、2019年には、日本も厳しい交
渉を強いられました。トランプ政権誕生以降、米国の新
聞で trade war（貿易戦争）の見出しを目にすることも
多くなりました。一方プロ野球ファンは、trade と聞く
と選手のトレードがまず思い浮かぶかもしれません。

　trade には、❶のように「（特定の）業界、産業」の
意もあります（ランク4）。オックスフォード英語辞典に
よると、trade の語源は、「コース、方向」や「踏み固
められた道」を意味した古ゲルマン語系言語の単語と考
えられています。取引のために道を行き来することから
「貿易」の意が、家族の生活の「方向」から「家業」、さ

らに「産業」の意が生じました。

❷The Japanese Trade Union Confederation is working hard to organize unions of non-regular employees.（日本労働組合総連合会〈連合〉は、非正規雇用者の組合組織化に力を注いでいる。）

❸He's an actor by trade but has also written articles for magazines.（彼は俳優〈を職業としている〉だが、あちこちの雑誌のために記事も書いている。）

❹John worked for the advertising company to learn a few tricks of the trade before starting his own business.（自らのビジネスを立ちあげる前、ジョンは業界の専門知識を得るために、とある広告会社で働いた。）

❷の trade union と labor union はどちらも「労働組合」を意味し、違いはほとんどありません（**ランク4**）。また米国では、union のみで労働組合を表すのが一般的になっています。

❸の by trade は、「職業は〜です」という言い方です（**ランク3**）。by trade がなくても同じ意の文章になるのですが、by trade を入れると、その職に就くための訓練や教育を受けた、だからその職の専門家だ、という含意が出ます。**❸**では、彼がジャーナリストとしての専門教育を受けていないことが暗示されています。

❹の tricks of the trade は、特定の業界での「専門知識、技能、商売のコツ」を意味する熟語です（**ランク4**）。

092 | train 動 名

スマホを構えて、狙いを定めて

ランク3 ★★★☆☆

❶The fans <u>trained</u> their smartphones on the stage when Taylor Swift appeared.

『テイラー・スウィフトがあらわれると、聴衆は一斉にスマートフォンを舞台に<u>向けた</u>。』

　皆さんが最初に思い浮かべるのは名詞「列車」でしょうか、それとも動詞「訓練する」でしょうか？「列車」と「訓練する」では意味が違いすぎ、たまたま綴りが同じだけの同形異義語のように思われますが、実はこの両者、「（人を）引っ張っていく」を意味したラテン語に由来する同一の語です。引っ張られていく人の集団から「列」の意が生じ、そこからさらに列車の意が派生しました。またスポーツで「訓練する」のは、勝利を目指して選手を「引っ張っていく」ことです。

　動詞 train には、「**（カメラ・銃等を）向ける、狙いを定める**」の意もあります（ランク3）。何かを望ましい方向に引っ張っていくと、「向ける」ことになります。

❷Police <u>trained</u> their guns on the suspect. (警官は、容疑者に<u>銃の狙いを定めた</u>。)

❸A steady <u>train</u> of customers entered the store for the big sale. (お客の<u>列</u>が、大売出し中の店舗の中へ着実に飲み込まれていった。)

❹Sorry, I lost my <u>train of thought</u>. Can I start my speech again? (すみません。<u>話の流れ</u>を見失ってしまいました。もう一度最初から始めてもいいですか？)

❺At Sendai Station, a car is connected to the <u>train</u> bound for Yamagata. (仙台駅で、山形行の<u>列車</u>に車両が1両連結されます。)

❷は「銃を向ける」の例です。❶・❷の「向ける」の train は、動詞 point で言い換えることができます。

❸は「(人や動物の) 列」の意の例です (ランク❸)。train が表す「列」は、**絶えず動いている列**です。原義の「引っ張っていく」が、「動き」に残っています。一方、068節の row が表す列は停止しており、通常は座っている人の列を表します。line が表す列は両者の中間で、進んだり止まったりする列です。

❹の train of thought は、「思考の動く列」で「**思考パターン、脈絡**」の意となります (ランク❺)。

❺は「**列車**」の例です (ランク❺)。「列」から派生した意味ですから、複数の車両が連結されている状態を表します。1車両は、a (passenger) car で表します。

093 | trump 動 熟 形

「劇的に勝利する」から
「でっち上げる」まで

ランク3 ★★★☆☆

❶Our offer to buy the company for 10 million was
 trumped by another buyer.
 『その会社を1千万ドルで買収するという我々のオフ
 ァーは、他社のオファーに打ち負かされた。』

　カードゲームのトランプです。動詞 trump には、「相
手に勝る、打ち負かす」 という 意味 が あります
（ランク3）。トランプゲームで切り札を出して勝つこと
から派生した用法で、似た意味の beat（072節❺）に
比べると、より劇的な情景（野球なら逆転サヨナラ・ホ
ームラン）を表すことが多くなります。trump という
言葉自体が、「勝利」の triumph から派生したと考えら
れているので、語源に近い意味と言えます。

❷The police will trump up some charge so they can
 arrest him.（彼を逮捕するために、警察は何らかの
 罪状をでっち上げるだろう。）

❸After getting busted for smoking, the boys told a <u>trumped-up</u> story about how they got cigarettes.（喫煙で捕まった後、少年たちはタバコの入手先について<u>でっち上げ</u>の話をした。）

　❷の熟語 trump up は、「**（口実、罪状などを）でっち上げる**」を意味します（**ランク❸**）。似た意味の make up（＊注26）や fabricate に比べると、「何もないところから話を作る」という不誠実な感じが強くなります。私が調べた限りでは、triumph と語源が同じ楽器トランペット（trumpet）の、「勝利を大げさに吹聴する」という昔の語義を引き継いだものだと思われます。

　❸は、❷から派生した形容詞 trumped-up の例です。bust に関しては011節❸を参照してください。

❹Let's <u>play cards</u>.（トランプしようよ。）
❺He <u>played a trump card</u> to win the round.（彼は<u>切り札を出して</u>、ラウンドの勝利をものにした。）

　共著者の Jeff さんが戸惑う和製英語の一つに、Let's play trump があるそうです。「トランプゲームをする」は、必ず❹の play cards で表します。面倒なことに、トランプのトリックテイキングゲームには、❺の play a trump card という表現があります。こちらは「**切り札を出す**」を意味します。トランプゲームに由来する表現に関しては、086節❶・❷ も参照してください。

094 | wage 動 名

戦争と賃金の深い関係

ランク4 ★★★★☆

❶The US and its allies are <u>waging</u> a war against terrorists worldwide.
『米国とその同盟国は、世界中でテロとの<u>戦いを続けている。</u>』

　読者の多くは、まず「賃金」を思い浮かべるのではないでしょうか。動詞 wage には、「**(戦争・反対運動を)戦う、遂行する**」の意もあります（ランク4）。
　「賃金」と「戦争を遂行する」の間に関連性を見出すのは困難ですが、オックスフォード英語辞典によると、wage の語源は、「誓約する」を意味した古フランス語だと考えられています。仕事をしてくれたことに関して誓約を守れば「賃金」の支払いとなり、相手の安全に関しての誓約を守れば「戦争を遂行する」になります。

❷The decision to <u>wage war</u> on Iraq is now viewed as a mistake.（イラクに<u>戦争を仕掛ける</u>という決定

は誤りだったと、今では考えられている。)

❸Airlines are starting to <u>wage war on</u> passengers who bring too much carry-on luggage.（航空会社の多くが、過大な手荷物を持ち込もうとする乗客に対する取り締まりを強化しつつある。)

❹The politicians are <u>waging a campaign</u> against corruption in the government.（政治家は、政権内の汚職撲滅運動を繰り広げている。)

❺There's been a lot of talk about raising the minimum <u>wage</u> in the US.（米国では、最低賃金引き上げに関する政治論争が盛んに行われている。)

❻The number of jobs with decent <u>wages</u> has decreased.（それなりの生活費を稼げる仕事は、減ってしまった。)

　「戦う」の動詞 wage は、❷の wage war on で熟語のように使われることもよくあります。この場合、war の前に a も the も付きません。またこの動詞 wage は、❸・❹のように戦争以外の状況でもよく使われます。

　❺は「賃金」の意の例です（ ランク❺ ）。wage は基本的に「時給」を表します。「給料」と訳される salary は、通常、月払いの俸給を意味します。

　複数形 wages には、「生活費」の意もあります（ ランク❹ ）。❻の decent wages を「まずまずの賃金」と訳しているケースも多く、大意は通じます。しかし、salary 払いの仕事についても wages を使うことから、話者の意識に「生活費」があることが分かります。

095 | walk 熟

有言実行すなわち、歩け歩け!

ランク **4** ★★★★☆

---

❶You have to walk the walk, not just talk the talk.
『口先ばっかりでなく、きちんと実行しなさい。』

「歩く」です。最初に習う動詞の一つであり、年を取ってからも、健康のためのウォーキングという日本語で親しみのある単語でしょう。熟語 walk the walk は「(言ったことを)実行に移す」を意味します。名詞 walk には「行動指針」という意もあり、その上を「歩く」に由来しています。「指針」の意で walk が使われることは珍しくなりましたが、この熟語は健在で ランク**4** です。

この熟語は、talk the talk と組み合わせて使われることもあります。熟語 talk the talk は、本来「(言うべき時に)堂々と主張する」を意味します。しかし近年は❶のように、「そうしたご立派なお話は口先だけさ」という含意を込めて使われることが多くなっています。

❷I met people from many different walks of life

when I moved to Tokyo.（上京した当時は、いろいろな職業、社会的立場の人たちと出会った。）

❸The book was popular among people from all walks of life.（この本は、社会のあらゆる職業、立場を超えて、多くの人に愛されている。）

❹After the program failed, the network gave the actor his walking papers.（番組が失敗に終わると、放送局は俳優を解雇した。）

❺If I don't get a raise, I'm ready to walk away from this job.（給料を上げてもらえないのなら辞めるよ。）

❻I thought this job would be a walk in the park, but it wasn't.（朝飯前の仕事だと思っていたが、いざやってみると違った。）

　名詞 walk には「暮らしぶり、身分」という意もありました。「行動指針」と同じく、この意の walk が単独で使われることは今やほとんどありませんが、「職業、社会的地位」を意味する ❷の a walk of life はよく使われます（ランク❸）。特に、❸の all walks of life は、独立した熟語として紹介する辞書があるほど一般的です。

　walk には「仕事から歩み去る」という使い方もあります。❹の walking papers は、言われてしまう場合の「解雇通知」です（ランク❸）。❺の walk away from は、「（恋人と）別れる」など、いささかドラマチックな行動を起こす様々な場面に使えます（ランク❹）。

　❻の a walk in the park は、「散歩みたいなもんだ」で「朝飯前の仕事、用事」を意味します（ランク❹）。

096 | weather 動 熟

悪天候を乗り越えろ

ランク4 ★★★★☆

❶The startup had weathered 6 launch failures, and finally sent their rocket into space.
『その新興企業は、6回の打ち上げ失敗を乗り越え、ついに自社ロケットを宇宙に送りこんだ。』

「天気」です。動詞 weather には、「(困難・危機を無事に) 切り抜ける」の意があります (ランク4)。weather の航海用語としての使い方「嵐をしのぐ」が、比喩表現として一般に使われるようになったものです。

❷The Prime Minister was confident that she would be able to weather the storm and get re-elected. (首相は、この難局を乗り越え、再選を勝ち取れると確信していた。)

❸I was worried my flower garden wouldn't weather the storm but everything survived. (花園が台風でやられてしまうのではと心配していたが、なんとすべ

て無事だった。）

❷の weather the storm で、政治や企業経営での「**難局を切り抜ける**」を、危機の内容を具体的に示さずに表現することがよくあります（ **ランク④** ）。weather the storm が❸のように天気の嵐を指すこともありえますが、今や❷の比喩表現の方がはるかに一般的です。

❹I won't go into the office today. I feel a bit <u>under the weather</u>.（今日は会社を休むよ。<u>体調が少し良くないんだ。</u>）

❺She turned out to be a <u>fair-weather friend</u>. I never saw her after losing my job.（<u>彼女が本当の友人でないことがよく分かったわ。</u>私が職を失ってから一度も姿を見せないんだもの。）

❹は、「**体の具合が悪い**」を表す under the weather です（ **ランク④** ）。悪天候で船酔いする、に由来します。

❺は、「好天の時の友人」が転じて、「**いざという時に当てにできない友人**」を表します（ **ランク③** ）。この語の反意語として rainy-day friend を掲載している辞書もありますが、ネイティブはあまり使いません。「**いざという時に頼れる友人**」は、単に a good friend または a friend through thick and thin で表します。through thick and thin は、「森の中で木々が密で（thick）歩きにくい時も、まばらで（thin）歩きやすい時も」から生じた「**良い時も悪い時も**」の **ランク④** の表現です。

097 | weigh （動）（熟）

自分の意見の重み

ランク **4** ★★★★☆

---

❶Even the accounting manager <u>weighed in</u> on
which idol group to use in the new ad campaign.
『経理部長まで、広告キャンペーンでどのアイドルグ
ループを採用するかについての<u>論争に加わった</u>。』

　weigh は、ウェイトコントロール等でおなじみの名
詞 weight の動詞形です。「**重さを量る**」の意は weight
から連想しやすく、それほど難しくは感じられません。
　熟語 weigh in は、「**議論・論戦に加わる**」を意味し
ます（ ランク**4** ）。この意味と「重さ」との関連を見出す
ことは難しいですが、オックスフォード英語辞典による
と、「自らの重さ（＝影響力、意見）を持ち込む」から
生じた熟語とのことです。この由来から、「確固とした
独自の意見を持って」議論に加わるという含意が出ま
す。on 以降で論点を示す表現が一般的です。

❷We're having a meeting about the office daycare

center. Could you <u>weigh in</u>?（会社の託児所について
ミーティングを企画してるの。貴方も〈参加して〉
意見を出してくれない？）

❸The boxers are required to <u>weigh in</u> before the
bout.（ボクサーは、試合前に<u>計量する</u>ことを義務付
けられている。）

❹The coronavirus pandemic <u>weighed</u> heavily <u>on</u>
the airlines' profits.（新型コロナウイルスの大流行は、
航空各社の利益をひどく<u>圧迫した</u>。）

❺The Prime Minister <u>weighed</u> the pros and cons of
calling an early general election.（首相は、早期に
総選挙を実施することの是非を<u>比較検討した</u>。）

❻<u>How much do you weigh</u>?（<u>体重はいかほど</u>？）

❷は on を伴わない例です。weigh in を使うことに
より、単に参加するだけでなく、「意見を出して欲しい」
と要望していることになります。

weigh in は、❸の「（スポーツ選手が試合前に）計量
を受ける」という意味でもよく使われます（ ランク❹ ）。

❹の weigh on は、「重さを載せる」が転じて「（利益・
経営を）圧迫する」の意となります（ ランク❸ ）。

米国の新聞でもっともよく目にする weigh は、❺の
「〜を熟考する」の意です（ ランク❹ ）。「天秤に載せて重
さを量る」から派生した用法であることから、「比較検討」
という含意が出ます。最後に、使う機会があるかどうか
は別にして（！）体重の訊き方を。❻の方が、What is
your weight? よりずっと一般的です。

098 | wing 名 熟

即興の演技は舞台袖で生まれる

ランク4 ★★★★☆

❶Takeshi usually doesn't prepare for presentations and just wings it.
『武司が準備して発表することはほとんどないわね。たいていは、即興でこなすの。』

　鳥や飛行機の「翼」です。が、空港の北ウイングなど建物の一部の呼び方をまず思い浮かべる読者が多いかもしれません。❶の wing it は、「即興でやる、準備なしで行う」を表す決まり文句です（ランク4）。事前に「まったく」準備していない状況を指します。もとは劇場用語で、舞台袖（これも wing です）で急いでセリフを練習したことに由来しています。

❷He usually ad-libs his presentations.（彼は、発表をたいていアドリブでこなします。）
❸As for presentations, he usually makes them up on the spot.（❷と同じ）

❶の wing it は、動詞 ad-lib や、make ~ up on the spot で書き換えることができます。

❹There are plenty of developers <u>waiting in the wings</u> to buy the land along the riverside.（多くの開発業者が、川沿いの土地を買おうと<u>手ぐすねひいて待ち構えている</u>。）

❺She's known as a <u>right-wing</u> candidate.（彼女は、<u>右寄り</u>の候補者として知られています。）

❻After the fire, the oil tanker made it to the port <u>on a wing and prayer</u>.（火災の後、そのタンカーは<u>かろうじて</u>港にたどり着くことができた。）

❹の waiting in the wings も、舞台袖の wing から派生した決まり文句です。役者が舞台袖で出番に備えている、が転じて、「**(仕事や地位の引継ぎを) 準備万端で待ち構えている**」を意味します（ ランク❸ ）。

❺は、政治の「**右派、左派 (left-wing)**」を表す例です（ ランク❺ ）。米国ではかなり極端な政治信条を表す言い方で、少しネガティブな含意があります。米国人が自分の政治的信条を述べる場合は、conservative（保守）と liberal（リベラル）を用いるのが一般的です。

❻は、飛行機の翼から生じた決まり文句です。故障した飛行機が、祈りのおかげもありなんとか着陸する様子が転じて、「**かろうじて、運にすがって**」の意となります（ ランク❸ ）。

099 | zero 動 名 熟

意識をゼロに集中する

ランク3 ★★★☆☆

❶During Jim Walter's fraud trial, the prosecutor zeroed in on the suspicious bank activity.
『ジム・ウォルターの詐欺容疑に対する裁判中、検察側は、彼の銀行口座での怪しげな資金移動に焦点を絞った。』

　数字のゼロです。動詞用法もあり、例えば科学関係の仕事場で zeroing the scale と言うと、計測器の針をゼロに合わせることを意味します（ランク3）。米国の新聞や日常会話でよく使われているのは、「(注意・努力を) ～に集中する」という意味の熟語 zero in on です（ランク3）。focus on と完全に同じ意味です。

❷He zeroed out his bank account.（彼は、口座から預金を全額引き出した。）
❸ground zero（爆心地）
❹patient zero（最初の患者）

❷の zero out は、「(銀行口座などの) お金を全て引き出す」という意の熟語です (ランク❹)。

❸・❹は何かの中心や原型を表す名詞 zero の使い方です (ランク❺)。❸は何かが起こった場所、特に爆心地や地震の震源地を指す言い方です。大文字で書くと、特定の事件・地震を指します。例えば米国東海岸の住民の多くは、Ground Zero で、ニューヨークの世界貿易センター跡地を表します。❹はエイズやエボラ、2020年の新型コロナウイルス (SARS-CoV-2) の発生時にも使われました。

ゼロ以外の数字を使った他の表現も見てみましょう。

❺Don't use four-letter words in the class, OK?（教室で下品な言葉を使うんじゃありません！）

❻If you join our company, you make six figures right off the bat.（当社に来たら、最初から10万ドル以上稼げますよ。）

❺の four-letter words（汚い言葉）は、英語で damn などの悪態や卑猥な意味を持つ語の多くが、4文字から成ることに由来しています (ランク❺)。

❻の six figures は、直訳すると「6桁の数字」ですが、主に10万ドル（100,000）以上の年収を表すときに使います (ランク❺)。米国では、年収10万ドルを超すと「高給取り」と見なされます。ただし、必ずしも金持ちであることを意味しません。ローンを抱えていたり、年収が大きく上下するのが珍しくない社会だからです。

「ジッパーを素早く閉める」イメージ

ランク4 ★★★★☆

---

❶The police zipped through the crowd chasing after the suspect.

『警官は、容疑者を追いかけて、集まった人々の間を ピューッと素早く駆け抜けた。』

まずはジッパー（zipper）を思い起こす読者が多いで しょうか？ 動詞 zip は、「**ピュッと素早く動く、(物を) サッと動かす**」を意味します（ ランク4 ）。「ピュッと」 に対応する英語の音から生じた擬声語です。

❷The new Maglev train will zip passengers from Shinagawa to Nagoya in just 40 minutes. （リニア 新幹線は、品川―名古屋間をわずか40分で結ぶ予定 です。）

❸A colorful scarf can add a little zip to any outfit. （鮮やかな色のスカーフは、どんな服装にもちょっと した躍動感を与えてくれます。）

❹The zipper on my new windbreaker broke. (新しいウインドブレーカーの<u>ジッパー</u>が壊れてしまった。)

❺Just zip it! I'm tired of hearing about your beef with your boss. (<u>黙れ！</u> 上司に対するお前の不満を聞かされるのには<u>ウンザリ</u>だ。)

❻Just put the leftovers in a zip lock and I'll have them for lunch tomorrow. (残り物は<u>ジップロック</u>に入れといて。明日の昼ごはんにするから。)

❼I forgot to write the zip code on the letter. (手紙に<u>郵便番号</u>を書き忘れちゃった。)

❷は「サッと運ぶ」の例です。名詞 zip には、❸の「活力・刺激」の意もあります（ランク❸）。速く動くものは、活力を感じさせることによります（042節❷）。

日本語の「ファスナー」はジッパーを指すことが一般的ですが、英語の fastener（032節❼）はネジなど「留め具」全般を指します。服に限っても、ジッパー、ボタン、マジックテープなど全てが fastener です。速く開け閉めできることから zipper と呼ばれるようになった、と考えられています（ランク❺、＊注27）。

❺・❻は、zipper を「閉める」から派生した ランク❺ の言葉です。❺の beef については007節を参照してください。台所でおなじみの❻は、ある米国企業の製品名（Ziploc）でしたが、今や zip lock、Ziploc のどちらもジッパー付きビニール袋全般を指します。

❼の「郵便番号」（ランク❺）は Zone Improvement Plan の頭文字で、本節唯一の同形異義語です。

注

＊1　最所（2003）pp.32-34
＊2　宮本（2004）p.90
＊3　宮本（2004）p.198
＊4　最所（2004）p.51
＊5　クラフト（2018）p.191
＊6　クラフト（2017）pp.64-65
＊7　宮本（2004）p.212
＊8　最所（2003）pp.149-150
＊9　クラフト（2017）p.28
＊10　クラフト（2018）p.184
＊11　クラフト（2018）p.186
＊12　最所（2003）p.188
＊13　最所（2004）p.311
＊14　クラフト（2017）p.219
＊15　宮本（2004）p.63
＊16　クラフト（2018）p.34
＊17　クラフト（2018）p.193
＊18　宮本（2004）p.91
＊19　クラフト（2018）pp.215-216
＊20　最所（2003）pp.374-376
＊21　クラフト（2017）p.158
＊22　最所（2004）p.221
＊23　最所（2004）pp.58-59
＊24　宮本（2004）p.73
＊25　宮本（2004）p.75
＊26　最所（2004）p.144
＊27　クラフト（2018）p.207

参考文献

キャサリン・A・クラフト著、里中哲彦編訳『日本人の
　9 割が間違える英語表現 100』ちくま新書、2017年
キャサリン・A・クラフト著、里中哲彦翻訳『日本人の
　9 割が知らない英語の常識181』ちくま新書、2018年
最所フミ編著『英語類義語活用辞典』ちくま学芸文庫、
　2003年
最所フミ編著『日英語表現辞典』ちくま学芸文庫、2004
　年
宮本倫好著『英語・語源辞典』ちくま学芸文庫、2004年
Trump, Donald J. and Tony Schwartz (1987). *The
　Art of the Deal*, New York: Random House.

索引

(注) 該当する語を掲載した頁を示しています。

ちくま新書
1522

日本人の9割がじつは知らない英単語100

2020年10月10日　第1刷発行

著者
橘　永久
（たちばな・とわ）

ジェフリー・トランブリー

発行者
喜入冬子

発行所
株式会社筑摩書房
東京都台東区蔵前 2-5-3　郵便番号 111-8755
電話番号 03-5687-2601（代表）

装幀者
間村俊一

印刷・製本
三松堂印刷 株式会社